我放下过天地，

却从未放下过你

仓央嘉措·诗传

马辉　苗欣宇　○著

北京联合出版公司

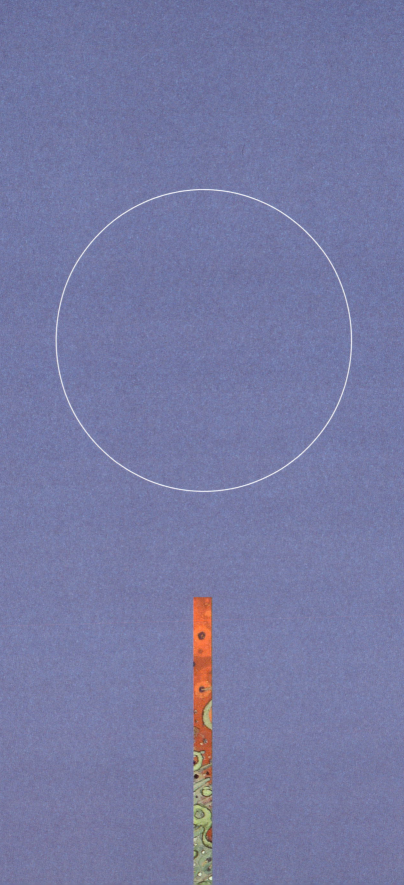

你来了，铺天盖地

我去了，一抹浮云

那一天，
那一月，那一年，
那一世，那一瞬

一、心在天边，情在人间

那一夜，我听了一宿梵唱，不为参悟，只为寻你的一丝气息。

那一月，我转过所有经轮，不为超度，只为触摸你的指纹。

那一年，我磕长头拥抱尘埃，不为朝佛，只为贴着你的温暖。

那一世，我翻遍十万大山，不为修来世，只为路中能与你相遇。

那一瞬，我飞升成仙，不为长生，只为保佑你平安喜乐。

❷

那一天，闭目在经殿香雾中，蓦然听见你诵经中的真言。

那一月，我摇动所有的转经筒，不为超度，只为触摸你的指尖。

那一年，磕长头匍匐在山路，不为觐见，只为贴着你的温暖。

那一世，转山转水转佛塔啊，不为修来生，只为途中与你相见。

那一刻，我升起风马，不为祈福，只为守候你的到来。

那一日，我垒起玛尼堆，不为修德，只为投下心湖的石子。

那一月，我摇动所有的经筒，不为超度，只为触摸你的指尖。

那一年，我磕长头在山路，不为觐见，只为贴着你的温暖。

那一世，转山不为轮回，只为途中与你相见。

以上三段文字，是目前流传比较广的所谓《六世达赖喇嘛情歌》，或者叫《仓央嘉措情诗》。

仓央嘉措，这个在大多数人的日常生活中很难出现的一个名字，带有明显的少数民族特征。他的身份是藏传佛教格鲁派的第六世达赖喇嘛；他的另一个身份，则是所谓的"诗人"。

如果没有这几段精致优美的文字，我们很少有人会记住仓央嘉措这个名字。是它们的流传，让我们知道了仓央嘉措的存在，并与六世达赖喇嘛对号入座，并由此，让我们对藏传佛教产生了兴趣：它的神秘，它的美丽，它的若隐若现的奇迹以及由着这奇迹生发的想望。

这是一个很有趣的现象：如果有人询问其他历代达赖喇嘛的名字，绝大多数人是无法说出的。而只有第六代——仓央嘉措，广为人知。就如同我们熟悉清朝历代皇帝的年号，却只不过仅仅能叫出玄烨、胤禛等少数几个名字来一样，若问咸丰、同治的名字，大半还是知者甚少。

然而，也仅限于此。因为，这三段文字跟仓央嘉措一点关系都没有——嗯，话也不必说得这么绝对，还是有一点点关系，那就是张冠李戴——它实实在在是个现代的汉族人写的，却被大多数人以为是仓央嘉措的作品。

从三段文字的细微不同可以看出，它业已经过修饰。其原本最早出现的载体，不是诗集，更不是什么仓央嘉措情歌集，而是一张叫作《央金玛》的唱片。

所以，它是首歌词，它的名字叫《信徒》。

而在这张由朱哲琴与何训田合作的唱片中，还出现了另一首歌，名字叫《六世达赖喇嘛情歌》。

第一次张冠李戴，就这样自然地发生了。《信徒》这个名字渐渐不被人知晓，而将其歌词冠以《六世达赖喇嘛情歌》的题目。而那首原名是《六世达赖喇嘛情歌》的歌词，却确实有仓央嘉措的身影，这首歌词将其多首意味相近的诗歌整合在一起，并经过了删改和添加，形成了一首与原作基本无关的歌词。

第二次张冠李戴，则完全是在第一次文字误会上做出的有意行为。这次是一支在青年群体中较有影响的乐队的重新演绎，将朱哲琴的两首歌——《信徒》与《六世达赖喇嘛情歌》融合在一起，并加入了另一首真正的诗歌，形成了一首新作，叫作《仓央嘉措情歌》。据说，这种大杂烩的拼盘歌词，也曾经由某位年轻的活佛演唱过。

于是，"那一天，那一月，那一年"，成了仓央嘉措诗歌中的一部分——虽然，仓央嘉措跟它没有任何著作权与署名权的关系。

其实，如果仔细比照《信徒》与业已被学界认定的《仓央嘉措情歌》，任何人都看得出来，它们的文字风格完全不一致。《信徒》的修辞之复杂、意境之优美、文字之洗练，在《仓央嘉措情歌》中完全找不到一丁点儿影子。

真正的《仓央嘉措情歌》，最早出版于1930年，汉文版本的著作权为我国藏学藏语研究的前辈于道泉先生。这本书版本名号为

"国立中央研究院历史语言研究所单刊甲种之五"，书名为《第六代达赖喇嘛仓央嘉措情歌》。

它开创了仓央嘉措诗歌汉译的先河。此后，有1932年刘家驹译本、1939年曾缄译本和刘希武译本等。而且这几个版本间也有互相影响的痕迹，其后的版本几乎都是以上版本的"润色本"。

而在这些版本中，从来就没有出现过"那一天，那一月，那一年"。

但它的流传确实太广，让人以讹传讹，直至今天。可以预见的是，它还会被继续误传下去。

二、放归阳春白雪，享受朴素自然

引领仓央嘉措走上诗歌创作之路的，是一本叫作《诗镜》的著作。在有关仓央嘉措的文献中，记载了他从小学习这本书的经历。

《诗镜》最早是古印度的一部梵语作品，作者为檀丁。13世纪初期，藏族学者贡嘎坚赞将其译介到藏地。后来，经过数代藏族学者的翻译和重新创作，《诗镜》最终成为藏族自己的重要美学理论著作。这部著作大致可以分为诗的形体、修饰和克服诗病等三个基本内容。因此，它不仅仅是一门学问，也是一本诗歌创作指南，尤其在诗歌写作方法的修辞学方面有极大的实用功能。可以说，它是藏族诗学体系的根，是奠定藏族诗歌创作技法与风格的源头。

由于这本书的译介，藏族文学在诗歌领域产生了一次变革。此前，藏族诗歌领域流行的是"道歌体"和"格言体"；受《诗镜》的理论体系影响，此后形成了"年阿体"。

仓央嘉措为什么要学习写诗呢？是他的个人爱好吗？他从小就

想做一个诗人吗？

不是的，这是传统，也是藏传佛教对僧人的要求。因为，它属于佛家"五明"中的"声明"。在西藏历史上，活佛作诗是再平常不过的事情。米拉日巴写了五百多首诗，号称"十万道歌"；萨迦班智达的格言体诗歌，形成了《萨迦格言》，其流传之广、影响之深，远非仓央嘉措可以比肩；而宗喀巴、五世达赖喇嘛都写过诗歌，诗作水平也远远超过仓央嘉措。

那么，为什么唯独仓央嘉措的诗歌流传下来，并得到经久传唱呢？这是因为，仓央嘉措用他的创作实践改变了藏族诗歌的文风。

前面说过，藏族诗歌有"道歌体""格言体"和"年阿体"。在仓央嘉措的时代，是比较盛行"年阿体"的。这种诗歌的文风，有点类似于我们汉族地区的"文人诗"，写得很优美，而且像猜谜语一样使用典故和隐喻。这种文风，仅限于在上层人物和知识分子之间传诵，大多数没有文化的普通劳动者根本无法理解和使用。

而仓央嘉措的诗歌创作，平易近人，十分朴素，有点类似于民歌。这种文风是适于传诵，也适于更多的人创作的。其贡献，就是将文艺从矫情的阳春白雪放归朴素自然，将少数人享用的所谓高贵艺术归还给了自由创作的民间。

这，才是仓央嘉措诗歌的意义，也正是我们出版这本诗集，并大胆重译的心理支撑——把诗歌还给民间，让它以艺术的名义存在。

三、做一个仓央嘉措般的"浪子"

然而，以艺术之名存在，其基础是在历史的基础上对仓央嘉措的客观评价。而且，由着这评价，不再继续歪曲其诗歌的内容。内容和艺术性，永远不能混杂在一起。

然而，对于仓央嘉措，一个显而易见的事实是，绝大多数人的兴趣不在诗人，不在诗歌的艺术，而在诗歌传达的内容，或者说是他们希望理解的内容——情欲。

就好像很少有人沉下心来研究《钗头凤》的艺术性，但却有很多人八卦陆游和唐婉的爱情一样。

这才是这些诗歌流传的真相，也才是《信徒》张冠李戴的真相——将一位地位尊崇的活佛与情欲联系起来，进而津津乐道，才是绝大多数人的真实心理，哪怕这种心理的基调是颠倒黑白。

所以，对于仓央嘉措的真实生平是有一个解释的必要了——他是不是一个浪子，是不是半夜溜出去私会情人，直接关系到我们如何理解诗作中貌似"情欲"的内容。

在本书中，作者苗欣宇用解密的方式，对仓央嘉措的生平进行了梳理和评价；而另一位作者马辉，则用现代诗歌艺术的手法，对仓央嘉措的诗歌进行了重译。

这些梳理与重译的基础，只能是历史，只能是还原仓央嘉措作为一位政教领袖的身份，只能是他的诗歌原本（姑且这么说）传达的内容，自《诗镜》问世以来的美学体系，以及现代诗歌发展至今形成的艺术理念。

而更为显而易见的是，在我们的仓央嘉措诗集中，没有，也永远不可能有《信徒》。

苗欣宇

活着，就此安心度日
——吟听仓央嘉措的天籁之声

【上 篇】

地空：
我放下过天地，却从未放下过你

水空：
我只能爱你一世，却不能爱你一时

火空：
你来了，铺天盖地；我去了，一抹浮云

风空：
雪花把天空飘得很轻，轻如风中的爱情

你穿过红尘朝我走来……
——雪域之王仓央嘉措传

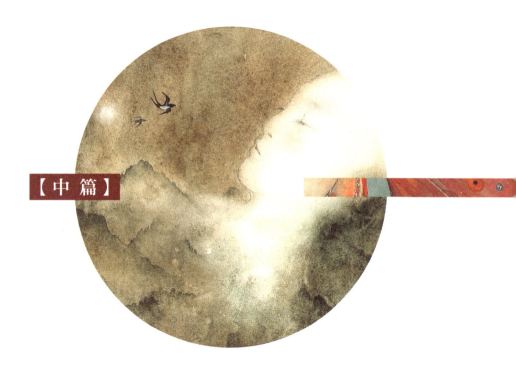

【中 篇】

一个人需要隐藏多少秘密，
才能巧妙地度过一生
　　——谜一般的活佛

【下篇】

目
录

C
O
N
T
E
N
T
S

我只能爱你一世
却不能爱你一时

本来是去远山拾梦
却惊醒了
梦中的你

月亮回到湖心
野鹤奔向闲云
我步入你的梦

夕阳印证着雪山无我的智慧
爱情与梵心同样白得耀眼

活着，就此安心度日
——吟听仓央嘉措的
天籁之声

仓央嘉措是神秘的。

仓央嘉措的诗是神秘的，被传诵的同时又不断地被误解，史上罕见。

仓央嘉措之所以被世人珍爱，不仅仅缘于他的六世达赖喇嘛之尊位，更缘于他自身洋溢着活灵活现的"人性"。而这种"人性"，恰恰在他的诗歌里获得了忧伤而又得体的表达。

作为一位追求自由的诗人，率性而为是很正常的，但其主要身份一经被确定为一位宗教领袖，其自身的矛盾性就非常明显了。他的一切行为，都很容易让人产生误解。

不久，他便在某一句诗中消失了，令世人痛惜。

译者根据仓央嘉措诗歌内容的暗示性与象征性，经过慎重考虑，将这些别开生面、耐人寻味的诗歌框定为70首：分为地、水、火、风四辑。所谓"四大皆空"，业已在这些诗歌中呈现出一种超乎世人想象的意蕴。而读者若能继续深入佛法，领悟"缘起性空"，就会更加透彻地理解这些诗歌，喜爱这些诗歌，并在这些诗歌中停下来。然后微微地笑一笑，掸一掸红尘，长长地舒一口气，继而便打定主意，就此安心度日，哪儿都不去了。

地空
我放下过天地，
却从未放下过你

　　我被俗世隐瞒，转身时又被自己撞倒。从莫须有的罪名起步，行色简单，心术复杂。

　　这时，恋人们腾出最敏感的地方，供我痛心。而我独坐须弥山巅，将万里浮云一眼看开。

01.

我放下过天地，却从未放下过你

好多年了

你一直在我的伤口中幽居

我放下过天地

却从未放下过你

我生命中的千山万水

任你一一告别

世间事

除了生死

哪一件事不是闲事

谁的隐私不被回光返照

殉葬的花朵开合有度

菩提的果实奏响了空山

告诉我

你藏在落叶下的那些脚印

暗示着多少祭日

专供我在法外逍遥

02.

少年的爱情，永远不够用

少年的爱情

永远不够用

一杯酒足以了却一件心事

为午后预设的独木桥

在天亮前就被

一个女子梦断了

渐悟也好

顿悟也罢

谁能说清

从刀刃上失踪了多少情人

03.

我独坐须弥山巅，将万里浮云一眼看开

一个人在雪中弹琴

另一个人在雪中知音

我独坐须弥山巅

将万里浮云一眼看开

此外

便是不敢错过死期的众生

他们纷纷用石头减轻自己的重量

他们使尽一生的力气撒了一次谎

仅仅撒了一次谎

雪就停了

雪地上闪耀着几颗

前世的樱桃

04.

一想到你，春苗就绿到我的枕畔

用多少美人和香草

才能驯服一颗野心

马蹄敲打着地狱的屋顶

大量的手段和智谋都弃置于荒野

一些人被另一些人用旧了

也只能在酒色中辉煌地度日

唯独那个努力不幸的人

却依然幸运地一步一步死去

而空门内外

谁又是谁呢

一想到这些

春苗就一直绿到我的枕畔

05.

浮尘中的英雄个个落魄，镜中的美女悄悄迟暮

天气先于我的心情而变化

灾难比信誉

还突然

心一冷

所有的人都在一句咒语上打滑

我从莫须有的罪名起步

行色简单

心术复杂

前程被充满杀机的预言一误再误

唯有刻在骨头上的经文

为我推脱世事

一眼望去

浮尘中的英雄个个落魄

镜中的美女悄悄迟暮

我为了死　才一次又一次地活了下来

而其他的人却随处羞愧

06.

我一走，山就空了

我一走

山就空了

所有的鸟都朝着相反的方向偏激

我被俗世隐瞒

转身时又被自己撞倒

从此言行暧昧

对自身毫无把握

而一再遭受目击的人

大都死于口头禅

有的甚至死于美德

当那条唯一的捷径省略了朝拜者

我便在一滴花露中瞬间彻悟

07.

在我呼唤你的同时，头上响起了雷声

先是在拉萨河两岸遥相误解

不久便在细节中彼此注释

穿过一张张丧失了性别的面孔

来到群山中安息、修行

一粒无意间丢入土中的种子

无意间便轰动了高原

这时，恋人们腾出最敏感的地方

供我痛心

下雨了

很多人等着用雨伞辜负我

而在我呼唤你的同时

头上响起了雷声

08.

到处都是穷不起的人

用想象中的粮食度日

历经野花熏陶的诗人任意盲目

如果落难　男女越爱越轻

汹涌的人海顿时浅显

死不瞑目的人睁着眼睛客观

活得不像话的人竖起耳朵听话

没你没我

到处都是穷不起的人

一想到人生无常

雪山便充满白色恐怖

先是忘掉一个人

然后忘掉一群人

现在忘掉一切人

抬头时才知道

我低于眼前所有的事物

09.

谁能把谁看破，谁不能把谁看破

流言就酒，黄昏后

你把自己藏在自己的左边

眉目不清

你正在说的那句话

如同那片枯叶——

那片枯叶

正在向树根飘落的时候

突然

起风了

一个美人一滴泪

情色之余

遍地雄心

心重如盐

你却擅自回头

回头便是飞花

便是我

你愣了愣

一下子就咸了

到处都是被称为佛的我

我左眼皮上竟然跳着你

到处都是被称为我的你

你右眼皮上依旧跳着佛

互相用眼睛煮着对方

演绎梦幻泡影　此刻

谁能把谁看破

谁不能把谁看破

一刹那缘来

一刹那缘去

……

白云飘飘

一了百了

10.

到底谁配言归正传

一粒种子毁灭了多少人的梦想

混战时，好钢与好人一起被用在刀刃上

话题与话题之间仅仅隔着一场梦

解梦者是风

嫩芽　飞絮　春秋轮回

谁的宝剑能气贯长虹

尽快地活着

清新的早晨怀揣诗歌超度草木

省悟后低头认真，回到厨房

一五一十地避免了一天的盛宴

诞辰之日从铁腕延伸到剑锋

饱受哀悼

……

到底谁配言归正传

11.

放心之时，八面荷风

坐在菩提树下
我观棋不语
一招儿前世
一招儿今世
一招儿来世
患得
患失

而放心之时八面荷风
天路方便
一草一木都是手段

12.

我被你脱口而出

我用世间所有的路

倒退

从哪儿来回哪儿去　正如

月亮回到湖心

野鹤奔向闲云

我步入你的梦

然后

我被你脱口而出

然后

一场大雪封住了所有人的嘴

13.

那个女子，满身都是洗也洗不尽的春色

那个女子

满身都是洗也洗不尽的春色

眸子闪处，花花草草

笑口开时，山山水水

但那块发光的松石[*]

却折射着她一生的因缘

她坐在自己的深处避邪

起来后再把那些误解她的人白白错过

一挥手

六尘境界到处都是她撒出的花种

注：松石是藏族人最喜欢的一种宝石。在西藏，人们相信最好的松
　　石有避邪护身的功效。

14.

为了今生遇见你，我在前世早已留有余地

为了今生遇见你

我在前世

早已留有余地

天一黑

家家丢人

那些任性的女孩

都在虎皮花纹中走散

那些不任性的高僧

都在顽强地举例

而一场秋雨

却篡改了

世上所有的鹦鹉和画眉

忘我的我

在寒风中

舒舒服服地

坐失江山——

我不是我

谁又是我呢

15.

爱面子的人天天背叛镜子

用一朵莲花商量我们的来世
再用一生的时间奔向对方

游山归来　世道人心已变了千年
门前的河流正在被陌生的民风歪曲

一个人征用千千万万的人
反过来就遭到应征者没完没了的怂恿
只好去野外独立
并设法补救种种遗失的借口

高原下，帝国依旧勇猛地科举着各色人物
爱面子的人天天背叛镜子
却不敢轻易伤心
他们为了一己之利而尿急尿频
从厕所中沾染了过多的不良风气
……

你穿过世事朝我走来
迈出的每一步都留下了一座空城

这时，一支从来世射出的毒箭
命定了我唯一的退路

水空

我只能爱你一世，
却不能爱你一时

星光下，我准确无误地匿名。晚饭后用抛出的石子胡乱地树敌。风声一紧，谁都拿不稳主意。丛林深处全是小道消息，草与盐哪一种恶行更配鼓吹？

天下大事，无始无终。窥视我的人，转眼便立地成佛。

01.

片刻之间，已被一缕清风绣在水面

彻悟后，便去水中捞月

沿途花事轻浮

谎话香艳

我在起点与终点之间两全其美

却无法禅定于一夜琴声

直至悠悠的琴声被暗香淹没

我才刚刚赶到岸边

片刻之间

已被一缕清风绣在水面

02.

情色总归是苍茫

澡雪的夜晚人心清秀

远处寒水轻舟　负心者夜夜盗汗

节日里举起酒杯准备绝望

不惜赔上所有的路也要挽回败局

却仍是情色苍茫

一觉醒来，对着镜子明辨是非

为不成立的君子改错的人

不停地陷害自己

丛林深处全是小道消息

而世外的梅花一瓣一瓣地恋旧

落伍的战将便开始用残雪粉饰太平

03.

现在，花朵与春天无关

众生膜拜 膝下的每一寸黄金都是误区

酒色暖洋洋

龙与虎之间人人折中

嗓子落满了红尘，江河在琴弦上走调

今生 来世

一句佛号便是过渡段

跑出视野的马又回到了普遍的缺点上

草与盐哪一种恶行更配鼓吹

现在，花朵与春天无关

除了享用

生命与死亡也毫不相干

04.

远处，在温泉中打盹儿的少女

一匹追赶春天的烈马

不谙顿挫

顺着那条魔道

一味脱缰

从草料

到湖面上的薄冰

从疯狂地继承

到奋力摆脱

所有的耳目一齐夸张

远处

在温泉中打盹儿的少女

伸了伸懒腰

05.

我只能爱你一世，却不能爱你一时

琴弦上的兵马被迫退入来世

观世音依旧昼夜观心

转经筒更迭着一个又一个朝代

臣民们却紧紧地团结在王者的宠爱中

从小恩小惠的深处不能自拔

于是，众生失忆

渴望着被一场战争蛊惑时

你可以被说，也可以说

一句话就可以掩盖天下

……

我只能爱你一世

却不能爱你一时

因为算来算去

怎么算都是一个人等于所有的人

06.

处处都是水火之缘

面向花园的北窗一开
逃禅的人又重新操琴
手势流水声声
星空———一部没有页码的字典
仍旧为富家小姐注音

一个人在树下隐逸
等候另一个人沽酒归来
而备受仰慕的女子
却在一块白云上失足
处处都是水火之缘
风声一紧
谁都拿不稳主意
从刀锋上辨认色情
人人退步
任你在所有的路上胆寒

07.

去远方，只是为了紧紧地搂住自己

随缘时，梵心静如夜空
星光下，我准确无误地匿名

爱我的人却从我的掌纹上不停地失踪
风尘中的侠女依然夜夜叫阵

人们去远方只是为了紧紧地搂住自己
我只喜欢在笛声中闻着野草的清香

沉默——苦不堪言
我喝水，替别人解渴

无力挽留闪电的浪子沦落为王
一粒青稞终于使众生重获宽恕

08.

花开花落的声音，让蜜蜂去翻译吧

花开花落的声音

让蜜蜂去翻译吧

一碗酥油茶

令我日日鲜明

离开宝座

去龙王潭散步

突然被记忆中的那双莲花眼盯疼

这种时刻不便多疑

便于美

便于回到一滴汗中闭关

09.

杜鹃声声，佛门外的女子纷纷被说破

百花美得一错再错

杜鹃声声

佛门外的女子纷纷被说破

一边赏花

一边护法

天下大事

无始无终

哗一声

这一生

就泻光了

10.

雄鹰飞剩下的天，容不下一只小鸟

雄鹰飞剩下的天

容不下一只小鸟

有情众生不受任何语法的局限

诗人一哭　金豆子就噼里啪啦地落满游僧的心钵

一世的承诺

使金刚钻化成水银

梦浅情深

蹚不过去的河留给来生

繁花错落有序

我被一页一页地误伤

而窥视我的人

转眼便立地成佛

11.

我走到哪里，哪里就是危险的春天

一念之差柳叶就枯了

天就凉了，每滴泪都温暖着诸佛

所有的事情都旧得不能再旧了

却依旧落花流水

为了不引起世人的注意

我把自己藏在了诗里

我天高地阔地看着、想着，却不能转过身去——

我走到哪里

哪里就是危险的春天

12.

当一只锚，抓住了那女子的心

那条猛厉的狗

突然逃出了寓言

从此女人的嗓音

就失去了岸

当一只锚

抓住了女人的心

谁会想到

地狱与天堂

竟然同时呈现于

女人的眉宇之间

13.

在佛法与女色中无力精确

工布 * 的少年步履繁荣

他在佛法与女色中无力精确

泛滥的形容词使他心慌

每一步都模模糊糊

我从山中尽兴而归

途经失去了林荫的绝路

三伏天，被一口枯井渴望

到了一定程度　我便失去了态度

仅凭一块石头

就回避了硬朗的教育

短期内

任何尾声都不悦耳

—————————————

注：工布，西藏地名。

14.

在一场春梦中深藏不露

野兽背叛猎人的武器

人们为了民谣的韵律出马迎敌

艺卓拉茉与诺桑王 *

在一场春梦中深藏不露

令我浪费了数不清的故事

却仍然无法为她提供回归的路线

我慈悲地执行着天地万物

用一世的时光体谅时光

终究还是目空一切

现在，只要我再退一步

我就能立刻退出我的名字

注：艺卓拉茉是仙女名，意为"夺人心魄的仙女"；诺桑王是藏戏
　　故事《诺桑王传》里的人物。

15.

口齿中，留着国色天香

刽子手的品质在刀光中全面得逞

雨季过后　众生持续缩水

少年们站在飘舞的布幡 * 下伪证风景

柳林中

水蛇腰弯了又弯

过早衰弱的脚步使前景暧昧

一个荒唐的哈欠便会动摇民心

左脚已经抬起

右脚却悬而未落

晚饭后

用抛出的石子胡乱地树敌

夜半掌灯供佛

入梦时却又悄悄背诵落地的人头

口齿中留着国色天香

太阳出来之前

人人都在武装

注：在西藏各处的屋顶和树梢上都挂着许多印有梵文、藏文咒语的
　　布幡，藏族人认为可以借此祈福。

16.

枕花而眠的少女，醒后哗哗地流畅

枕花而眠的少女

心事婉转

醒后又哗哗地流畅

为了一个灼热的眼神儿

而放弃了一次又一次盛开的机会

连自己的名字都丢在了我的梦中

我毫不宽容地接纳别人的礼仪

饥饿与口渴使我难上加难

拣废品一样把说出的话收回来

是轮回前人人必修的课程——

莲花下，血比铁硬

17.

我手捧银碗，拉萨河被一位女子反复斟酌

桃花刚落

我就知道我死得过于荒唐

哪一个祭日不配我复活呢

你有权崇拜我

但你无权拥抱我

大地山河轻得不堪承担

每一滴泪都流向大海

没有了有

有了没有

没有了有了没有

有了没有了有

如何把世上所有的路一次走完

我手捧银碗

拉萨河被一位女子反复斟酌

火空
你来了，铺天盖地；
我去了，一抹浮云

　　这佛光闪闪的高原，三步两步便是天堂。而我们该到什么地方，像一个真正的英雄那样去奋勇失败？

　　挤进我左侧的人善于自杀，从我右侧溜掉的人勤于怀旧。谁越过珠峰，谁就有力气亲密地敌视我。

　　热烈的傍晚，一把匕首就能断定一个王国。

01.

我高枕青山，被一草一木日日决定

顺着一条看不见的路大踏步地反省

血缘错失的风物无法光复

铁与金刚响亮地回答着阴谋中霉变的骨头

修行者只好接受一棵苹果树的定义

天气一暖，我便用月光精心地哺育着敌人

生满老茧的刽子手纤细而柔美

开始温习母乳四溢的生命

果香贯彻经脉的那个不眠之夜

刀锋冷淡　人们互相搀扶着逃出内心

随即便在我的假设中五体投地

剩下的都是例外的人

他们倾向于酒色，并不断翻越美人痣

挺进的过程反复排毒

不要机会只要面子

他们先是各自揣测

不久便谋求攻略

竟不知剑锋冰镇了多少妖魔

心弦紧张，绷了又绷

一声脆响，世事寸断

从此我高枕青山

被一草一木日日决定

02.

不屑于难解之结

等到病灶上的病一热再热

梦中便叶落花飞

喉头发痒　一咳又是片片残红

那么多人在一个优点上累死

紧接着又有一些人被流水策划

帛裂　弦断　松竹梅再三地落魄

少男少女不屑于难解之结

只是在街头互相体贴

被低估的决心

任意膨胀

从成熟到反省

需要多少次轮回

被省略的一块块空地

哪一处才配被后人牢记

终于逃离了自己的肌肤与骨血

掏心掏肺，以备来生独享

03.

从一朵花到一座雪山，谁能越过六字真言

在密林中遇到故人
用半生半熟的野果互相美化
比回避一个种族更艰涩

从一朵花到一座雪山
谁能越过六字真言

日出日落 男女老少总喜欢跑回家中偏食
油脂中的富人只能迎风打嗝儿
杀戮 远远满足不了刀口

而一到紧要关头 月亮就弯思念就圆
一声再见，柳色青青
逐渐模糊的背影
无法抵偿从邻家借来的敲门声

04.

月亮正在攀过东山，不留任何因果

心上的草

渐渐地枯了

心上的杂事、杂物……次第消失

我也随之空下心来

这时，玛吉阿玛 [*] 的脸

浮现在我的心头

而月亮正在攀过东山

不留任何因果

……

此刻，除了这无边的宁静

还有什么值得我拥有呢

注："玛吉"直译为"不是亲生的"，"阿玛"是"母亲"的意思。
全词的意思就是"不是亲生的那个母亲"或"亲生母亲之外的
母亲"。据说还有别的解释，待考。

05.

精打细算地爱着，却总是被时光推迟

从容地进入仇人的梦中

需要开辟多少条邪路

缘来花开

缘去花落

一滴血足可以红透高原

预期以外的骨头倾向于剔刀

强盗诵经时总忍不住回头早恋

而在雨雪交加的途中

没人要求一位浪游的诗人沦为帝王

精打细算地爱着

女人总是被时光推迟

06.

在这个世上能够把我爱死的，只有鹦鹉

人们有所保留地爱着我

人们正在未来创造着我

一遇到难题

人们便纷纷躲入温柔的诡计

谁越过珠峰

谁就有力气亲密地敌视我

我已经习惯了被别人重复

在这个世上能够把我爱死的

只有鹦鹉

07.

我在节骨眼儿上站着，佛在关键之处蹲着

一层薄梦

遮住了三生的艳阳天

末法时代

有人出发

有人回家

牛羊生事

草色伤魂

我在节骨眼儿上站着

佛在关键之处蹲着

致使有人一到拉萨

马上就瘦得是是非非

每一次轮回都是一次远遁

而有人却在远遁之前

眺望自己

并且靠食言为生

并且终生死个不停

08.

她扭头看了我一眼，雪域高原便颤了颤

那位被一次盛宴超度的女子

在佛法中悠然醒来

她扭头看了我一眼

雪域高原便颤了颤

那一天

我竖起了为她祈福的宝幡

而无处不在的菩萨

却一声不吭

09.

灵机一动，便是千年万年

暮色中的群山
由我逐一坐稳
梵音
白云
梦痕
静修止
动修观
止与观之间
佛意绵绵
我在树下梦游
灵机一动
便是千年万年

10.

一个人需要隐藏多少秘密，才能巧妙地度过一生

一个人需要隐藏

多少秘密

才能巧妙地

度过一生

这佛光闪闪的高原

三步两步便是天堂

却仍有那么多人

因心事过重

而走不动

11.

除了自身，没人为你提供任何失败的机会

美人的笑容冶炼着金子

遍地野花隆重开放

一句佛号风平浪静

完整的人生

靠多少爱来支撑

大海藏在一颗珍珠中

积累着伟大的海啸

而我们该到什么地方

避开那些俗欲诱发的爱

该到什么地方

像一个真正的英雄那样去奋勇失败

除了自身

没人为你提供任何失败的机会

而八万四千法门

向所有的人敞开

12.

只那一眼，眼前的山水全都绿了

加持后

眼前的山水

全都绿了

将所有的人都看成一个人

这世上

就没有什么人

更令我珍视的了——

而那个人

正是我

13.

你来了，铺天盖地；我去了，一抹浮云

情人丢了

只能去梦中寻找

莲花开了

满世界都是菩萨的微笑

天也无常

地也无常

回头一望

佛便是我

我便是你——

你来了

铺天盖地

我去了

一抹浮云

14.

我夜里出去的时候，
我早上回来的时候

我夜里出去的时候

那条老黄狗竟然跃过智慧与品质

钻入最精要的法门

吠乱了群星

我早上回来的时候

那条老黄狗又回到了菩提树下

用晨光清洗着残梦

我刚一走近它

四周便响起了悠悠的梵歌

15.

我们的果子熟了，佛祖笑了，世上所有的果核便裂了

当时，他就是今天的我

任人误解

当时，他就是昨天的你

任人误会

当时，他就是明天的众生

任人误判

他用一根银针挑起事端的时候

我们的果子熟了

佛祖笑了

世上所有的果核便裂了

16.

一颗心与另一颗心，一旦巧合，死一次也就够了

树下的男女倦于抒情

私生活却随风张扬

秘密地活着

是最温暖的活法

一颗心与另一颗心一旦巧合

死一次也就够了——

眼下用慈祥的奸细如何通透风情

热烈的傍晚

一把匕首就能断定一个王国

而无法更改的往事

已被明确于众矢之的

泪水中

众生懂得了如何用自己

腌制自己

17.

他跺了跺脚，她便听到了佛的回声

心一热

天就蓝了

春草绿得大慈大悲

他与她

仔细地推敲着一杯喜酒

然后把对方放下

忘我时

被不曾存在的所有事实洞穿

解脱后

大地空寂

他跺了跺脚

她便听到了佛的回声

18.

现在这世上除了我，没人敢追忆她

在世外夜夜听雪
才明白梅花不为任何人怒放

开悟后　那女子从她的美貌出发
路过诸佛　走向我
旁观者心机深沉
对她沿途留下的后遗症一戒再戒
直到各自简单、粗糙
暗暗苦行于她的掌控之中

现在　这世上除了我
没人敢追忆她

19.

我从红尘中率先早退，你却在因果之间迟到

用一条弯路完成半生的心事

险些被你牵挂

你的诺言正是

你为来生设下的圈套

挤进我左侧的人善于自杀

从我右侧溜掉的人勤于恋旧

只有输光了所有技巧的人

才会去南山的松林里静静地享福

独木桥上

你手中那朵野花掩映着你的前世

你身后那个人竟然左手持刀

右手提着自己的脑袋

落日满足了他的虚荣心

我从红尘中率先早退

你却在因果之间迟到

风空
雪花把天空飘得很轻，
轻如风中的爱情

　　红尘中到处都是无辜的爱，男女老少连夜在自己的内心遇难。被诗歌埋没了一生的人，骑着梦中那只忧伤的豹子，冬天去人间大爱中取暖，夏天去佛法中乘凉。

　　丧钟响了，人人都故意迟到。

01.

放下心后，起身便平步青云

经过我反复吟咏

桃花终于红了

林中的美人不堪扶持

薄醉后一心殉情

这时，前世的遗风吹开了所有的门户

赤橙黄绿

孤男寡女纷纷好色

眼见众生无端地空耗一世情缘

我只能放下心来

起身平步青云

珠峰上的雪

掩饰着曾经不可一世的器官

02.

哪一粒粮食能够使他亡命天涯呢

月下温酒、摔碗、磨飞刀

守夜待兔的人从怀旧到潦倒

没浪费过一个国王

剩下的人在他的身旁淡淡地徘徊

而一道伤痕足够他跋涉一生

那么哪一粒粮食能够使他亡命天涯呢

饱尝歌颂的秋菊在众生的喉头枯萎

他感到骨头正在风干

他闭上了眼睛　黑暗中一张面孔藏满了宝石

他摸了摸，然后试探着向前老去

03.

玉碎，也是瓦全

一旦有人在初三的深夜玉碎

更多的人便会在十五的深夜瓦全

圆融无碍的月亮

藏匿了尘世间所有的声音

众人往往被一个人削弱

又被首领在情急之下措手不及

由梦中飞出的乌鸦便没了分寸

迫使奴隶随处犯错

为广泛的少女留下污点

我策马巡视人间

与英雄们约定来生起义

04.

很多时候，很多人都会走错门认错人

无人继承衣钵

道德越发昂贵

端出一张被暗算的脸

礼仪与雪山

茶杯中的风声与牛骨上迅速融解的神话

说吧，道理比泼妇的号叫还简单

去拉萨观人观俗

忽然掌握一脉血缘

芸芸众生中我又不是谁呢

工匠整天叮叮当当地封建

那么多人都成了精

一回家就炉火纯青

人情遍地流淌

很多时候，很多人都会走错门认错人

并且错认自己的后代——

在父母面前人人都是过客

手一握，掌中都是针

05.

谁坐江山，谁就失恋

一生都享用不完的山水

该由谁来参悟

浪子的路线总是迫在眉睫

未及反应的谋士精于嫌疑

却无法从刀柄上谋得私利

谁坐江山谁就失恋

而民风凛冽

思夫的美妇彻夜磨牙

她们体育儿女

一遇空闲就用十指搬弄是非

当她们妥协于火热的肉欲

远方　为她们祈福的男人正在一丝一毫地消逝

06.

常常是不常常，不常常是常常

有人在一场华丽的病痛中继续伤风

有人向着落日的余晖迫切追悔

常常是不常常

不常常是常常

诞生

死亡

轮回以外的残山剩水无人收拾

我一着急

众生就跟着上火

我只好站在法门旁

用诗句和梵歌为他们清热

然后我毫无保留地被一朵莲花接受

07.

红尘中，到处都是无辜的爱

圣鸟迅猛地追逐着我刚刚说出的一句话

冰雪渐厚，世情渐薄

红尘中到处都是无辜的爱

男女老少连夜在自己的内心遇难

人们不知道心中无事才是最要紧的事

致使一阵邪风就能吹歪他们的本性

在轮回的路上

人人都将自食其果

而最后那一刻

一句谎言就能留住他们的私心

08.

本来是去远山拾梦，却惊醒了，梦中的你

这么静

比诵经声

还静

我骑上我的白鹿

白鹿踏着

尚未落地的雪花

轻如幻影

本来是去远山拾梦

却惊醒了

梦中的你

09.

爱情与梵心，同样白得耀眼

夕阳印证着雪山无我的智慧

爱情与梵心同样白得耀眼

离别后，晚风依然珍藏着她的誓言

誓言中的青草早已枯黄

没有什么远近之分

我离她再远

也远不过隔世之爱

她离我再近

也近不过自己与自己相邻

此时，远处隐隐传来琵琶声

那是她弹的

却不是为我弹的

10.

人，是被苍鹰看低的

天与地

上与下

被区别的时候

人类无法不接受

苍鹰的

贬低

11.

在那与自己重逢的时刻

每个人的隐痛

缘于用月光泄密

互相思恋的众生

只顾各自生锈

最后才轻轻地拿出表情

令对方倾倒

极目成仇

四处都是方向

世人离开毒药就缺乏教养

自己与自己重逢的时刻

无根的花朵繁荣得了无着落

所有的出路都挤满了人

所有的出路都挤满了我

12.

只朝前迈了一步，就会与积雪一同融化

雪花把天空飘得很轻

轻如风中的爱情

被诗歌埋没了一生的人

黎明前又重新回到了想象中

他在一首诗的结尾处停了停

就想到了布达拉宫

他只朝前迈了一步

就与积雪一同融化了

……

……

布达拉宫

四大皆空

13.

鹦鹉不说，孔雀就更不说了

那只东印度的孔雀

来自缘起正见

它善于飞

却不执着于飞

那只工布深谷的鹦鹉

来自出世的心愿

它善于说

却不执着于说

内中玄机重重

鹦鹉不说

孔雀就更不说了

14.

所有的孤独，都比野花艳丽

所有的病

都比野花艳丽

然而现在

草叶上铺着一层霜

一层霜，一层伤

天地都荒了

我知道

不只是草

寒风中，花落了

蜂也散了

我知道

不只是一层霜，一层伤

还有死亡

15.

我用雅鲁藏布江，滔滔不绝地思念着她

我用雅鲁藏布江

滔滔不绝地思念着她

我用圣山的祥云

默默地证悟佛法

如果从一个地方出发

能同时到达两个相反的地方

我将骑着我梦中那只忧伤的豹子

冬天去人间大爱中取暖

夏天去佛法中乘凉

16.

在人间，我们都是畏罪自爱的人

谁对胜利负有不可推卸的责任

谁就有资格早夭

餐桌上的食物

一旦经过通盘考虑

便背叛了饿汉的胃口

护法金刚

早已失去了恨的能力

……

丧钟响了

人人都故意迟到

畏罪自爱的时节

落花已填平了深渊

17.

在花下虚荣，一边衰老，一边失眠

一些女人躺在月下一边衰老一边失眠

更多的女人在花下虚荣

远方的勇士早已庸俗地死去

白银哗哗地重复着高原雪韵

喜玛拉雅山的风在刹那间

就把佛吹成了人

就把所有的人吹成了我

从布达拉宫的上空，常常传来云彩飘荡的声音

一到这时，我就敏锐而哀伤——

无论我怎么努力

也模仿不了自己

18.

在镜子中度命，却还是红尘中的果实

关紧门窗

在镜子中度命

风寒不见好转

回到后院

我燃起一生的落叶

文火煎药

仍是痛定思痛

前尘越积越厚

心已伤到三寸

我转身掩面

世上的果子

却刚刚落实

19.

天天保留意见

偏安于浊世的人

心态肥润

天天保留意见

斧劈与焚烧断送了两个阶级

一忍再忍

白鹤凭空务虚

驮我去理塘*复习身世与阴谋

当所有的野花纷纷扑向一口古钟

我的尸骨正在被一道彩虹表达——

死亡如此之香

比民谣还渺茫

晒一晒吧

雪山已退出了我的表情

注：理塘是四川省甘孜藏族自治州的一个地名。这首诗可作为预言
　　来看，后来七世达赖生于理塘，应验了预言。

你穿过红尘朝我走来……
——雪域之王仓央嘉措传

翻遍历史文献和目前通行的、不加演绎的仓央嘉措传记，读者们一般会留下这样的印象：

关于他的生平，正史中的记载少之又少，且矛盾重重，有好多明显不符合情理的地方。

反倒是在民间，关于他的野史、传说五花八门，直到现在还有新故事出现。那些新段子越编越离奇，让人看了更加同情他、喜欢他，便又在他身上强加了很多光环。

其实，这些光环只不过反映了普通人无法实现的人生憧憬，寄托了民间那些美丽而朴素的感情。每个人都渴望冲出樊篱，过一种截然不同的生活。在仓央嘉措的人生经历中，人们找到了打破传统、反抗现实、追求自由的精神影子。所以，很多人往往记不住他活佛的真实身份，反而记住了他的副业——诗人。

第一章
五世达赖转世记

任何一位藏传佛教活佛的生平，都要从他的前一世讲起，这是由活佛转世的独特传承方式决定的。仓央嘉措是格鲁派第六世达赖喇嘛，他的前世，就是在西藏宗教、文化历史上享有极高声望的五世达赖喇嘛——罗桑嘉措。

01. 伟大的五世达赖喇嘛

　　这是一位非常伟大的人物。历数迄今为止的历代达赖喇嘛，无论是政治贡献还是宗教建树，五世达赖喇嘛都可以当仁不让地排在第一位。

　　说他伟大，要从宗教和政治两方面来看。

　　宗教方面。首先，个人成就非常突出，他在梵文、诗学、历算、医药、佛教哲学等方面都有很深的造诣，其文集达三十函之多，是历代达赖喇嘛中著作最多的一位。同时，他的弟子众多，经他授戒的门徒数以千计。其次，在宗教事务上，从他开始，历代达赖喇嘛成为哲蚌寺和色拉寺的当然寺主，确立了新的教派组织制度。另外，在他的主持下，前后藏新建了十三所格鲁派大寺，史称"格鲁派十三林"。布达拉宫的扩建工程，也是从他的时代开始的。

　　但这还不是他最杰出的成就，他更主要的贡献是在政治方面。简单地说，他几乎以一己之力，挽救了当时岌岌可危的格鲁派，将格鲁派由宗教组织发展为政教组织，并得到了清政府的册封，为以后的西藏政治格局打下了基础。

他出生的时代，格鲁派的强敌是一个叫作噶玛噶举的教派，他们一直对格鲁派持敌对态度。此时，支持格鲁派的地方势力帕竹政权逐渐没落，而支持噶玛噶举的藏巴汗政权势力不断发展壮大。强弱对比之下，格鲁派连生存都成了问题。恰好在这个时候，四世达赖喇嘛圆寂，藏巴汗十分强横，不让达赖喇嘛继续转世。

在种种不利情况下，对外，四世达赖喇嘛的管家索南饶丹去蒙古土默特部请来了军事支援；对内，四世班禅在藏巴汗政权中多次斡旋。最终，藏巴汗政权允许四世达赖喇嘛转世，年幼的五世达赖喇嘛被确认为活佛。

可藏巴汗政权并不甘心。十几年后，他们掀起了一次反格鲁派的高潮，并与蒙古喀尔喀部的却图汗、康区的白利土司结成同盟，立誓要消灭格鲁派。

面对这种灭顶之灾，五世达赖喇嘛只好寻求新的政治力量的支持，他选择的是蒙古和硕特部，它的首领史称固始汗。固始汗大军一到，便将三股反对势力全部消灭，还帮助格鲁派建立了甘丹颇章政权，这就是格鲁派政教合一体制的雏形。

但是，五世达赖喇嘛心中十分清楚，这个政权实际上是受到和硕特蒙古人的操纵的。本来想请他们帮忙，没想到他们来了就不走了，反而干涉起西藏地方政务来。此后，五世达赖喇嘛一方面逐步削弱、限制蒙古人的政治权力；另一方面，他又联络、扶持更远的准噶尔部，并与新建立的清政府交好，利用外援牵制住和硕特蒙古的势力。也就是在这个时候，清政府正式册封这一世系的转世活佛为达赖喇嘛。

1682 年，五世达赖喇嘛在布达拉宫病故，享年 66 岁。

02. "若我圆寂，消息暂时不要公开"

1682 年，在中国历史上是一个不起眼的年份，似乎没有什么大事发生。但在我国的西藏，它又确实是具有标志意义的年份，因为，藏传佛教格鲁派第五世达赖喇嘛罗桑嘉措圆寂了。

一般来说，威望甚高的伟大人物去世，都会在一定程度上引起轰动。然而此时，整个藏区却一片宁静——因为他去世的消息，只有少数几个人知道。从布达拉宫传出消息说，五世达赖喇嘛正在闭关修行，一段时间内不公开出来处理政务了。

对外封锁消息的，是西藏地方政权的第巴桑杰嘉措。

第巴，也叫第司，是达赖喇嘛甘丹颇章政府的总执政官。

而桑杰嘉措，正是五世达赖喇嘛亲自培养起来的。

去世前，五世达赖喇嘛抚摩着桑杰嘉措的背，缓缓道出了他最后的嘱托："我培养了你这么多年，现在把所有担子都交给你了。我们还有几件大事没有完成——第一，布达拉宫还没有修建完成，千万不能停工；第二，蒙古人让我操了一辈子的心，蒙古各部都想插手我们的事情，这些年来我一直在限制他们，现在眼看有起色，绝不能功亏一篑；第三，我当年转世而来的时候，就受到百般阻挠，现在，我的转世灵童一定也会遇到这种情况，所以，不要让他过早地与外人接触，孩子太小，容易被人控制，最好先把他培养成人。

这几件事情，都要落在你的身上，而你还太年轻，我实在是担心有人会为难你。我这样打算，若我圆寂，消息暂时不要公开。只要外人不知道，你做起事来就会顺利得多。"

桑杰嘉措望着这位从小培养他的老人，不由得感激涕零。泪眼中，他仿佛看到了这位老者长达半个世纪的劳碌身影。当他将一生所学完全交付给自己的时候，桑杰嘉措明白，这就是在托付后事。

五世达赖喇嘛的这段话，实际上就是政治遗嘱。它的核心内容，就在于清除蒙古人在西藏的势力。而要清除蒙古政治势力，首先要找到五世达赖喇嘛的转世灵童，并把他培养成佛学精湛、意志坚定的活佛。

可是，这位灵童，他在哪里呢？

第二章
灵童的发现

　　1685 年，五世达赖喇嘛去世后的第三年，桑杰嘉措听说仓央嘉措出生前后的一系列"灵异"现象后，秘密派人将他一家从邬坚林迁往夏沃错那。此后，灵童的一切生活都在格鲁派仅有的四个人的照料之下，连他的父母也不得随便接近。

01. 这孩子不是个凡人

桑杰嘉措忙碌了起来。为了稳定局势，对外，他宣称五世达赖喇嘛身体不好，正在闭关修行，所有政教事务，都由自己代理；暗地里，他又秘密查访，派出心腹寻找灵童的下落。

1683 年，一个孩子出生在西藏门隅邬坚林附近的一户农民家庭。据说，这个孩子出生的时候，天现种种异象，很多乡邻都说，这孩子一定不是个凡人。

乡野之言很快传到了桑杰嘉措的耳朵里，他心中一惊：难道，这就是我要找的灵童？

1685 年，他找来心腹曲吉和多巴，对他们说："门隅地方有一个孩子，现在已经两岁了，你们去了解一下。记住，不要让外人知晓你们此行的目的，路上若有人问，就随便应付过去。"

曲吉和多巴来到孩子家，却发现这个孩子对他们的到来好像并没有什么欣喜之情。于是，他们返回禀报说："孩子确实像灵童，但也说不准，有些地方又不太像。"

桑杰嘉措心中踌躇，只好算了一卦。卦象显示：只有让孩子离开家乡，确认灵童的过程才不会被外人干扰。桑杰嘉措大喜，马上命人将灵童一家从邬坚林迁往夏沃错那。

为了继续考察这个孩子，桑杰嘉措又派曲吉和多巴带着许多五世达赖喇嘛用过的物品前往新居。上一次，他们只不过是了解了一些孩子的家庭情况，这一次，他们的任务是真正地"确认"。没想到，孩子的表现与在家乡时明显不同，他一见到有五世达赖喇嘛印章的东西，就十分高兴地说："这是我的。"而且，孩子对五世达赖喇嘛用过的其他物品，也都能准确无误地辨认出来。最令人惊讶的是，他的很多生活习惯都和五世达赖喇嘛一模一样，这显然就是五世达赖喇嘛的转世灵童啊！

从此，这个孩子的一切生活都由曲吉、多巴和另外两名侍从照料，任何人都不能靠近，就连孩子的父母也不例外。

02. 培养一个像五世达赖喇嘛一样伟大的领袖

转眼就到了1687年，通过一年多的观察，曲吉和多巴更加确信，这孩子就是他们苦苦寻找的人。听到曲吉和多巴的汇报，桑杰嘉措终于放下心来。他百感交集，对着心中日夜思念的五世达赖喇嘛说："您的遗愿，我会加紧完成的，我一定会为西藏培养出一个像您一样伟大的领袖。"

很快，桑杰嘉措下令，从布达拉宫定期往错那运送生活用品。吃穿用度，所有的一切都是最好、最新的。而他也在心中暗自决定：

从这一年开始，灵童必须开始学习，老师就定为一直看护他的曲吉。

1688 年的十月初一，像很多开蒙的孩子一样，小灵童坐在曲吉面前，听他上藏文第一课。

识字，在成年人看来是多么简单的一件事。然而对于刚刚接触文字的孩子来说，其中的困难可想而知。曲吉思忖着，藏文的三十个字母，会读会写怎么也得几天时间；如果孩子愚笨些，至少需要十天才能记熟。而且，藏文是一种拼音文字，只认识字母没有实际用处，前后加字、拼读成词才是最难之处。

可是第一天，灵童的表现就让曲吉欣喜若狂了。

眼前这位小灵童，显然是个天资聪颖的孩子。很快，他就不满足于三十个字母的发音了，问老师："我们平时说的话，就是这些字母？不对，它们是能组合起来的！"措手不及的曲吉怔怔地看了他一会儿，他实在没想到，本来打算半个月之后再讲的加字方法，第一天就必须教给这个聪明的孩子。

两年后，即 1690 年，在得知孩子的学习进展之后，桑杰嘉措决定让他开始学习佛教经典。一方面，是小灵童到了接受正规宗教教育的年龄；另一方面，桑杰嘉措心里清楚，自己身上的担子太重了。此时他正面临着一个前所未有的压力，如果不加快速度把孩子培养成人，五世达赖喇嘛交给他的任务，恐怕就无法完成。

03. 平地起波澜：不安分的师兄噶尔丹

这个前所未有的压力，是他的师兄噶尔丹带给他的。

多年未见，桑杰嘉措依然能回忆起那个大他很多的蒙古师兄。1660 年，8 岁的桑杰嘉措被叔叔带入布达拉宫。当时的五世达赖喇嘛正值壮年，手边有处理不完的事情，可是每一次见到他，都会慈祥地拉着他的手，抚摩他的头。八年之后，五世达赖喇嘛更是把他当作自己的孩子，不仅亲自教授他佛学、文学、天文、历史等知识，而且经常把他带在身边。

正是在此期间，桑杰嘉措结识了五世达赖喇嘛的另一个弟子——蒙古准噶尔汗的六公子噶尔丹。噶尔丹早就拜在五世达赖喇嘛门下，可他从来不肯好好学习佛学，而是喜欢舞枪弄棒。面对师父的叹息，他还经常笑嘻嘻地说："我生来就是做护法的。"

1671 年，准噶尔汗家中出了变故。噶尔丹的同母哥哥僧格接替父亲做了大汗，可是因为遗产问题，另外两个异母兄弟一直与他闹矛盾，终于演变为一场政变。

噶尔丹听说后，来到五世达赖喇嘛面前，请求说："师父，请您允许我还俗，回故乡平息战争。"

五世达赖喇嘛沉思良久，缓缓地说："好吧，你回去吧！不过，要记得不得杀害无辜，心中要常记得佛的教诲。"

就这样，桑杰嘉措与相识十年的师兄噶尔丹分别了。

其实他早就看出，噶尔丹与所有师兄弟都不同，他身上的杀气很重，天生就不是一个能够好好钻研佛法的人。可是，桑杰嘉措十分理解五世达赖喇嘛的良苦用心，让噶尔丹回家，就是希望他能够治理好准噶尔，日后，准噶尔就可以成为格鲁派的一个强大后援。

然而，这个一直被他当作王牌放在手中、不肯轻易使用的噶尔丹，此时却给他惹了很大的麻烦。

这位从小就不安分的师兄，一回家乡就迅速掌握了准噶尔的政权。不过，他可不会满足于原有的地盘，很快就开始无休止地四处扩张。起初，五世达赖喇嘛对他也是支持的，作为对师父的回报，噶尔丹也曾将一部分土地和人口划归到格鲁派名下。

不过，此时的噶尔丹目光瞄准的是喀尔喀蒙古，大军一路打到了乌兰布通。

其实，喀尔喀蒙古早在战争开始之际便归顺了清政府。噶尔丹此时打过去，不是明摆着和清政府过不去吗？而且，乌兰布通离北京那么近，这样耀武扬威，还不听从清政府的调停，不是叛乱又是什么呢？可这一切，桑杰嘉措却毫不知情，他还多次上书给康熙皇帝，为噶尔丹求情。

也就是在这一年，盛怒之下的康熙皇帝亲征，打得噶尔丹只带了几千人逃回新疆。

眼看自己的师兄和盟友遭受如此大的打击，桑杰嘉措意识到：必须加紧对灵童的教育，让他快些成长，早日成人。

04. 不要只顾着自己读经，首先要做一个利于四方的人

1690 年，桑杰嘉措精挑细选了几位学问精深的高僧担当灵童的经师，让他在当地的巴桑寺中正式开始学习佛法。灵童的学习进展让桑杰嘉措很是欣慰。到了第二年，他就可以亲自写信，汇报自己的学习情况了。

在所有的学习课程中，《诗镜》这本书是灵童非常喜欢的。

这是一本古印度的文艺理论著作，讲的是诗歌欣赏和创作技法，全文有656首诗。《诗镜》对藏族古典文学，尤其是诗歌美学产生了巨大的影响。

小灵童很奇怪，为什么在这么多经文中，会出现一本这样奇怪的书？他不由得问师父："难道，这也是佛学吗？"

"是啊，它也是佛学的一部分。"

"哦。"小灵童一时还转不过弯儿来，想了一会儿又问，"可是，书里面一句佛法也没有讲啊！"

"佛学有'五明'，这是'声明'的课程，'声明'就是教人们写作的学问。前辈大师们的著作这样有文采，就是'声明'学得好。您以后要向四方弘法，说的话、写的文章要让更多的人喜欢读、读得懂，要让更多的人欢喜地领悟，这些都是'声明'的功劳啊！"

"嗯。"小灵童微微点头，若有所思地说，"僧人就该这样，不要只顾着自己读经，首先要做一个利于四方的人。"

桑杰嘉措想不到，就是这本讲解诗歌创作的书，对小灵童的一生产生了巨大的影响，使得他给后世留下了那么多脍炙人口的诗歌；他更想不到，小灵童的秘密很快就保不住了，而他也很快走到了死亡的边缘。

第三章
坐床

1696 年，康熙皇帝亲征噶尔丹，并击溃噶尔丹主力军队。他从战俘的口中得知：五世达赖喇嘛竟然已经圆寂了 15 年之久；而这一切，第巴桑杰嘉措不仅从来没有上奏过，而且还明目张胆地假借五世达赖喇嘛的名义发号施令。

01. 做人，就要做像前世那样伟大的人

得知真相的康熙皇帝龙颜大怒，狠狠斥责了桑杰嘉措，甚至准备动用武力惩罚他。他在旨意中说："如果再不据实上奏，阳奉阴违，就像平定噶尔丹一样铲除了你。"

桑杰嘉措慌了，连忙对康熙皇帝坦白：匿丧的事情，实际上是遵照五世达赖喇嘛的遗嘱办理的。而且，他的转世灵童也早已找到，并一直在接受严密的保护和正规的教育。只是当时占卜的结果是不便对外公开。鉴于现在的情况和最新一次占卜的结果，我们会立刻将灵童迎请到拉萨来，请皇帝陛下批准他坐床。

1697 年 4 月，在错那居住了十年的小灵童就要启程到拉萨去，成为藏族人的宗教领袖。虽然他的身份马上就要公开，但为了安全考虑，桑杰嘉措只对一部分人说明了其中的原委。等护送小灵童的队伍走到浪卡子的时候，他们停住了。8 月份，桑杰嘉措终于公开了五世达赖喇嘛已经圆寂、转世灵童马上就要迎请而来的消息。

可是，这位灵童与其他活佛不同。他已经 15 岁了，一系列原本

应该完成的宗教"手续",一样都没有进行过。比如,他现在还没有出家呢!很快,五世班禅大师受邀来到浪卡子,给灵童授了沙弥戒,并为他取了法名,叫仓央嘉措。

仅仅一个月后,仓央嘉措就在布达拉宫举行了坐床典礼。

出于稳定西藏的角度考虑,康熙皇帝认可了桑杰嘉措的说法,没有对灵童进行"考察",而是很顺利地给予册封,并派章嘉国师亲自出席坐床仪式,颁发册文。

从此,这位在第巴桑杰嘉措的秘密保护下生活了十几年的孩子,成为藏传佛教格鲁派的第六世达赖喇嘛。

此前教授他的老师,只不过是名义上的。此后,他的学习生涯中有了正式的师父——五世班禅大师。

五世班禅大师给他上的"第一堂课",传授的内容并不是佛法,而是希望——他对仓央嘉措讲述了五世达赖喇嘛一生的故事,最后对他说:"前世大师一生鞠躬尽瘁,作为转世尊者,你也要像他一样勤勉为人。"

仓央嘉措望着师父,郑重地点了点头。他突然发现,此前的老师只不过教会了他一些知识,而面前这位真正的老师却像父亲一样。他不是板着面孔严格教导的教书人,而是在他的心中开启了一扇门。这扇门一打开,他仿佛看到了一条光明的大路——是啊,做人,就要做像前世那样伟大的人。

从第二年起,仓央嘉措开始学习更多的经典。他的老师都是各个教派的著名学者,而他的第巴——精通多种学问的桑杰嘉措,有空的时候也亲自教他一些学问。

02. 哪怕是刀光剑影，都由自己担着吧

然而，第巴实在是太忙了。作为格鲁派甘丹颇章政权的实际领导人，他心中最清楚，此时的他需要做什么。

那是五世达赖喇嘛的遗愿，那是为了西藏的长治久安而必须完成的任务，那是他想要送给仓央嘉措的最厚重的礼物。

再过几年，仓央嘉措成人后，就要独立挑起宗教和政务两方面的重担，他哪里担得起？所以，自己必须为他创造好一切条件，让他顺顺当当地亲政，做一位万人敬仰的活佛，这样才对得起五世达赖喇嘛的厚恩。

虽然此时自己内外交困，但是，看见这位健康、聪明的年轻人，桑杰嘉措实在不忍心让他过早地参与政务。他十分清楚，这是一潭浑水。为了不让仓央嘉措惹上麻烦，为了让他好好地长大，哪怕前面是万丈深渊，自己也得一个人跳下去。

而这也是五世达赖喇嘛临终前交给他的任务，他必须完成，不能拖到仓央嘉措成人之后，不能再给这一代活佛增添麻烦。

时间，真的不多了。

为了完成这个任务，他们已经付出了两代人的心血。五世达赖喇嘛做了几十年，接力棒交给了桑杰嘉措，他又做了十几年，眼看快有起色了，可惜噶尔丹却横生枝节。

看着自己的学生，桑杰嘉措想起了当年五世达赖喇嘛对自己的悉心教诲。十几年来，老人每一次对政教大事做决定时，都会问一问他的意见。如果他的办法成熟稳妥，老人就会欣慰地点头。就这

样一次次地耐心栽培，十多年后，老人终于将自己的计划和盘托出。

早在五世达赖喇嘛还年轻的时候，格鲁派遇到了一次生死存亡的危机。当时，蒙古喀尔喀部的却图汗、信奉噶玛噶举的藏巴汗和康区的白利土司结成同盟，立誓要消灭格鲁派。五世达赖喇嘛默许了索南饶丹的建议，请来蒙古和硕特部的固始汗，用武力铲除了敌对势力。本来，他想与和硕特部结成同盟，没想到和硕特蒙古人来到西藏后，便羁留在此，虽然帮助格鲁派建立了甘丹颇章政权，却处处把持大权。

这是一颗 1642 年埋下的定时炸弹。五世达赖喇嘛心中清楚，虽然合作初期是愉快的，但天下没有不散的筵席，一旦和硕特蒙古人与格鲁派失和，格鲁派的命运便会操纵在蒙古人的手中。

桑杰嘉措理解五世达赖喇嘛的良苦用心：他一心培养、扶持噶尔丹，就是希望他的准噶尔部能够成为更远、更强大的同盟军。而在固始汗去世后，他又成功地把和硕特部分为两部：一部是留在西藏的势力，是要紧密提防的；一部是留在青海的势力，是要结成盟友的。当两股势力无法继续合作的时候，就是格鲁派安全的时候。

下一步棋，也是五世达赖喇嘛一直没有走完的棋，就是把以前赋予和硕特蒙古西藏势力的大权，一点一点地收回格鲁派手中。最关键的一点，就是第巴这个位高权重的职位，绝不能由蒙古人来任命，更不能由老迈昏聩、无所作为的人来担任，它只能由最有才干也最为忠心的人来担任。

想到这里，桑杰嘉措仿佛又听到了五世达赖喇嘛的临终嘱托。他明白，老人当年苦口婆心地请求他担任第巴，就是为了在小灵童成人之前稳住局势，不让他一生的辛苦付诸东流。

这步五世达赖喇嘛没有走完的棋，他怎么能够不继续走下去？让他略感欣慰的是，固始汗去世后，他的儿子、孙子都没有什么才干，虽然住在拉萨，但并不怎么插手政务。也许再过两三代，这颗定时炸弹的威力就会消失，西藏的地方政教事务大权就可以完全回到自己人手中。

没想到的是，此时他的远方同盟军——噶尔丹竟然倒台了，还连带着把他拉下了水。那个更远、更强大的"施主"清政府，对他也产生了不满。多年的苦心经营，险些被噶尔丹完全葬送。

看着仓央嘉措那年轻的面庞，桑杰嘉措百感交集：他多希望这个孩子能快些长大，早日成为一个意志坚定、万众服膺的领袖。但是，他又希望让他迟些亲政，因为前面有很多看不到的危险，这个孩子还太嫩，威望还太低。所有的风险，哪怕是刀光剑影，都由自己担着吧！

03. 难道开口闭口都是经文，就能治理好脚下的土地

格鲁派发展到清代，已经不再是单纯的宗教组织，管理的也不仅仅是宗教事务。由于宗教集团在地方事务上的特殊作用，格鲁派已成为一个有经济产业、组织机构和政治权力的政教组织。这个宗教集团的领袖，不但要在佛学造诣上出类拔萃，在宗教事务上有绝对权威，在地方政治的处理能力上也要有相当的水平。

在这三者中衡量，佛学水平是对个人修为的要求，宗教事务处

理能力是教派内部的要求，地方政治处理能力才是集团整体利益的要求。实际上，做不做一个佛学大师并不是很紧要的，比如，第三世、第四世、第八世达赖喇嘛，若论个人的佛学修为并不是很高，但政治贡献巨大。像第五世达赖喇嘛这样的个人、宗教、政务三者都突出的"学者型领导"，实在是绝无仅有的。

在当时的政治环境中，各派势力互相争斗，危机一触即发。桑杰嘉措相信：只有把仓央嘉措早日培养成一位佛学造诣深厚的宗教权威，他亲政后才会受到拥戴，他的政令才会被顺利执行。因此，他对仓央嘉措提出了两个要求：第一，他要求仓央嘉措努力学习佛教经典；第二，他不希望仓央嘉措过早卷入政治斗争。他要为仓央嘉措保驾护航，给他充足的时间学习，并为他日后执政扫除政治障碍。

然而，此时的仓央嘉措，已经对宗教学习失去了兴趣。

来到布达拉宫之后，仓央嘉措发现自己过着与以往完全不同的生活：身边的侍从们虽然恭谨谦卑，却不再把他当作往日那位错那的孩子；师父们虽然严肃认真，却不再像以往那样循循善诱，声色中多了些许严厉；他常常要莫名其妙地接见很多陌生人，虽然这些人见到他满心欢喜，他却要说些连自己都觉得别扭的客气话；而那些本来比较熟悉的人，此时都行色匆匆，开口闭口不是政务就是税收，要不然就扯到遥远的蒙古或者中原。很多次，他想详细地了解一下身边的人都在忙些什么，他们却遮遮掩掩，好似不愿意跟他说……

这样的日子，还有什么意思呢？难道达赖喇嘛都是这样长大的吗？他渐渐回忆起自己的前世、五世达赖喇嘛的过去。他清楚地记得，五世班禅师父给他上的第一堂课中，就讲述了五世达赖喇嘛一生的功绩。

1632 年，格鲁派在管理大昭寺的问题上发生内部矛盾。有的人提出借助蒙古人的武力，有的人提出借助当地的政治势力，是 16 岁的五世达赖喇嘛做出了用宗教力量解决的决定，化解了一次危机。这是一种非常高超的政治技巧，显然不是具有一般的政治头脑和政治经验的人能够想出来的。

也就是说，在同样的年龄，五世达赖喇嘛已经开始参与政务了。而自己，连政务的门槛都没迈进呢！他也希望能够逐渐参与政事，在纷繁复杂的政治局面中做出自己的贡献。至于佛学，可以慢慢学；至少在目前，并不是最紧要的。可身边根本没人愿意跟自己谈这些，每天的谈话，不过是努力学习、弘扬佛法之类，他都听烦了。

仓央嘉措感到很失望，也很委屈。难道开口闭口都是经文，就能治理好脚下的土地？从此，仓央嘉措不再努力学习佛学。他心中清楚，要想做一位像五世达赖喇嘛那样卓越的政治家，他眼下的这些师父，是没有人能教他什么真正的东西的。

第四章
叛逆与纷争

　　仓央嘉措开始变得生活懒散，且喜好游乐。桑杰嘉措反复规劝，还给五世班禅写信，请他以师父的身份管教一下。恰好此时，按照以前的约定，仓央嘉措需要去日喀则的扎什伦布寺，由五世班禅给他授比丘戒。

　　当时，五世班禅建议仓央嘉措为全体僧人讲经，他拒绝了。五世班禅又劝他受比丘戒，他又不肯。

01. 不二之爱

在戒律森严的宗教仪轨面前，在终日监护的师父们面前，在环列身边的佛菩萨像面前，在看似无形却又无时无处不在的宗教氛围之中，仓央嘉措显得那么孤独，那么弱小，那么无助……

只有逃离了与世隔绝的禁苑之墙，逃离了令人窒息的清规戒律，仓央嘉措才能获得片刻的解放。此时的他，经常被家乡的田园风光牵走了魂儿，他极为怀念那段无拘无束的美好生活。但是，高墙深院的宫廷生活，森严繁重的经典学习，宗教的虚无主义、神秘主义和禁欲主义，以及紧紧围绕他的政治角逐……这一切，都使他厌倦。

终于有一天，他做出了大胆的举动，换上了俗家的服装，戴上长长的假发和精美的戒指，寻机溜出了戒备森严的布达拉宫，到拉萨的中心帕廓街游玩。这时候，他给自己起了个化名——宕桑汪波。

风流倜傥的宕桑汪波很快结识了一群青年男女，他们成日在街头游逛嬉闹，在酒肆饮酒欢歌。此时的仓央嘉措，仿佛回到了青春自由的世俗生活，他感觉自己摆脱了政教斗争的巨大压力和每天从早到晚繁复而无趣的宗教仪轨。

正是在此期间，仓央嘉措遇到了自己钟爱的情人——达娃卓玛。她的出现，是在一次宴会上。

此时的仓央嘉措，在布达拉宫后花园的湖中小岛上建了一座精美的楼阁，取名龙王潭。在这里，他经常邀请男女朋友们唱歌跳舞、饮酒狂欢。才华横溢的仓央嘉措也经常即兴创作情歌，让大家演唱。他的情歌朗朗上口，朋友们走出布达拉宫后，还在外面继续传唱。于是，他的情歌很快便传遍四方。

达娃卓玛就是在龙王潭的一次酒宴上出现的。仓央嘉措即兴为她创作了一首歌，这让羞涩美丽的姑娘一下子爱上了这位多情的才子。其实，仓央嘉措早就注意到她了，她来自琼结，容貌美丽，温柔多情。在众多女孩子中，仓央嘉措只看了她一眼，就被那双黑宝石般的大眼睛迷住了。

从此，仓央嘉措与达娃卓玛相爱了。他们白天游玩歌舞，夜里，仓央嘉措便溜出布达拉宫与她约会。然而，世上没有不透风的墙，终于有一天，他的行踪被人发现了。

这天早上，布达拉宫的侍从发现雪地上有一行脚印，直接通到仓央嘉措的卧室。侍从大惊失色，以为夜里有歹人作乱。可是，他又发现仓央嘉措好好地睡在房内，并没有什么异常。

这是怎么回事呢？侍从顺着脚印往外走，走出布达拉宫，穿过拉萨的街道，最后到了一家酒馆门前。一打听，原来天天晚上有个叫宕桑汪波的青年男子，只身一人出来饮酒玩乐。从他的相貌、年龄、举止和谈吐推测，无疑就是仓央嘉措本人。

事情终于败露了，仓央嘉措丝毫不否认。此时的他，已决意向自己的生活挑战。他看透了贵族阶级虚伪而无情的政治角逐，更厌倦了自己在政治束缚和宗教樊笼中挣扎的生活现状。他只想做一个普通人，有自己的喜怒哀乐，虽然清贫，却自由而浪漫。

然而，此时的仓央嘉措已身不由己。普通百姓选择自己的人生道路尚且艰难，何况他的身份已经牵扯到方方面面的很多人。仓央嘉措内心非常清楚，若要带着达娃卓玛远走高飞，去过普通人的生活，几乎是不可能的。而此时的达娃卓玛也得知，原来自己深爱的宕桑汪波竟然是活佛，以前那些山盟海誓、那些对未来的憧憬和期待，一下子都遥远无边了。

不知是达娃卓玛主动放弃，还是格鲁派的上层人物从中作梗，总之，仓央嘉措的心上人再也没有出现过。几次龙王潭聚会中，都不见了她的身影。相思成灾的仓央嘉措隐隐感觉到出事了，他忙托朋友打听，这才得知达娃卓玛已经被父母带回家乡了。

仓央嘉措如同失去了生活的阳光，从此心灰意懒、失魂落魄，在痛苦中度过凄凉的时光。而回到家乡的达娃卓玛，很快与人成了亲，生儿育女，再也没有见过仓央嘉措。

然而，两颗炽热的心始终由一根看不见的丝线连在一起。很多次，仓央嘉措面前都闪现出达娃卓玛那美丽、温柔、羞涩的面容，还有那浅浅的微笑……

经历了失恋痛苦的仓央嘉措，万万不会想到，更大的磨难还在后面呢！

02. 俗家人当活佛

很快，桑杰嘉措就听到身边的人汇报：活佛不喜欢学习，经常出游，生活上也很懒散。桑杰嘉措的心痛了，他暗暗叫苦：孩子，你这样做，枉费了我十几年的心血啊！

他马上提笔给五世班禅大师写信求助：大师，这孩子最近不甚喜爱佛学，时常倦怠懒散，又听人说他喜好游乐，我对此甚为担心。然而我俗务甚多，终日忙碌，深恐放纵了他，此次修书，请大师多加教规训导，以免遗恨。

五世班禅大师接到信后，派人告诉第巴：按照以前的约定，马上就要给仓央嘉措授比丘戒了。受了戒的人，精神必会振奋，身心自然清净，会有一个良好的改变。至于年轻人喜好交游，也属正常，无须担忧，到时我自会与他深谈，端正其心。

桑杰嘉措只好把全部希望寄托在五世班禅大师身上了，此时的他，已分身乏力。

自从强大外援噶尔丹死后，准噶尔的大权落在了他的侄子策妄阿拉布坦手中。桑杰嘉措本以为可以与他结好，延续格鲁派与准噶尔之间的良好关系，维持五世达赖喇嘛生前创造的局面。然而，桑杰嘉措没想到：策妄阿拉布坦跟他的叔叔噶尔丹完全是两路人，他不仅密谋反对自己，还多次上书给康熙皇帝，处处说自己的坏话。

桑杰嘉措明白，策妄阿拉布坦肯定没安好心，他想扳倒自己，进而一举挺进西藏。然而，他只能哑巴吃黄连，康熙皇帝对他早已不满，他即使辩解，又有什么用呢？

　　1701 年，和硕特蒙古的头领达赖汗，这位在世时基本不插手格鲁派政务的汗王去世了。桑杰嘉措的内心很矛盾：他多少有些惋惜，因为达赖汗是个不管事的甩手掌柜，有这样一个人做汗王，自己的一系列政策都能顺利地推行下去；同时，桑杰嘉措又充满期待，因为每一次汗位的更迭，都是难得的政治时机。如果接替汗位的是个更庸碌的人，自己便可以大张旗鼓地收回更多的权力，五世达赖喇嘛的遗愿便可以更快地完成了。

　　可是，接任汗王的会是谁呢？桑杰嘉措暗暗观察着达赖汗的儿子们：大儿子丹增旺杰最有可能，他也真是个符合自己理想的人选。而他的弟弟中，可有个心狠手辣、傲慢狡猾的人。好在桑杰嘉措很快放下心来，他心目中最合适的人选——丹增旺杰，果然顺利地当上了汗王。

　　现在，桑杰嘉措最不放心的，就是仓央嘉措了。这位日渐长大的活佛，已经不再是当年那个听话的孩子了，他好像对很多事情都有自己的想法。桑杰嘉措把所有希望都寄托在 1702 年，因为在这一年，仓央嘉措就满 20 岁了，五世班禅大师就要给他授比丘戒。从此，他将成为正式的僧人。

　　人这一生很奇怪，再顽劣的孩子，当他意识到自己是一个真正的成年人时，往往都会瞬间长大。桑杰嘉措希望受了戒的仓央嘉措从此改掉懒散的毛病，用功学习。然而，他又一次想错了。

　　6 月的一天，格鲁派的高僧们护送仓央嘉措来到日喀则的扎什伦布寺。五世班禅大师见到他，十分欣喜，请他为全寺的僧人讲经，可让大师想不到的是，仓央嘉措拒绝了。

既然不想讲经，那么就按原先的约定，直接受戒吧！

仓央嘉措闻言，立即跪在地上说："弟子有违师父之命，实在愧疚。比丘戒我是万万不受的，也请师父将以前授给我的沙弥戒收回吧！"

众僧人大惊，退了沙弥戒，就不是出家人了，哪里有俗家人当活佛的呢？

五世班禅大师怔怔地看着眼前的弟子，脑中一片空白，他仿佛不认识这位五年前还誓愿做一位大成就者的孩子了。半晌，他才回过神来，轻声对仓央嘉措说："孩子，不受比丘戒，如何做活佛？又如何做信众的领袖呢？"

仓央嘉措似乎早有准备，他望着师父，缓缓地说："师父，难道做领袖就一定要读经到白头吗？出家之人，戒体清净，不应受俗世五蕴熏染，这样的人，又如何治理一方水土呢？"

"可是，孩子，如若不出家，又哪里有资格做转世尊者呢？"

"师父，出家之人本不该沾染世俗之事，却要领导地方、处理俗务；如若不出家，却又做不了尊者，这岂不是自相矛盾？"仓央嘉措略一沉吟，继续说，"师父，难道我们出家人，就是为了俗世纷争而转世的吗？"

"这……"五世班禅大师一时语塞，他心中清楚，弟子说得没错，可是，这确实又是个无法解决的问题。

"师父，弟子情愿不受戒，并请将以往所受之戒还回，戒体在身，实在是本心与行为相违，两相比较，弟子觉得暂不受戒，反而能为地方求得福祉。"

五世班禅大师长叹一声，半晌，他又缓缓地说："孩子，你能为地方福祉着想，不枉我一番苦心。既然你心意如此，为师不便勉强，师父对你只有一点要求，那就是不要穿俗家衣服，近事戒在身，日后也可以受比丘戒。"

仓央嘉措在扎什伦布寺住了十余日，便返回了布达拉宫。

03. 政治斗争不是一锤子买卖，最忌讳的是得陇望蜀

桑杰嘉措实在想不通，这位自己看着长大的孩子，此时到底想要做什么。

可是，他已经没有精力继续想下去了。他面临着一道难题，一道前所未有的难题——和硕特蒙古在西藏的政权出问题了。

这一天，近侍心腹匆忙来报告："第巴，大事不好了，汗王丹增旺杰去世了。"

桑杰嘉措一惊："什么？"

"蒙古军中哗变，汗王去世，他的弟弟即位了。"

桑杰嘉措马上追问："哪个弟弟？"

"拉藏鲁白。"

桑杰嘉措呆呆地坐在椅子上，仿佛被重击了一下，好半天才回过神来。这可是个难缠的对手，他暗暗叫苦，拉藏鲁白又狡猾又蛮横，藏族人与蒙古人的纷争，恐怕要再起波澜了。

从小，拉藏汗就看着自己的父亲达赖汗像木偶一样，第巴说什么他完全照准，第巴做什么他也不管。拉藏汗时常纳闷儿，西藏这

块地盘到底是谁的？我们可是固始汗的纯正后裔啊，当年的辉煌哪里去了？如果说五世达赖喇嘛在世的时候，对活佛尊崇一些、礼敬一些，这还说得过去，可现在明摆着小活佛管不了那么多事，我们固始汗家族难道不应该重整旗鼓吗？

拉藏汗更看不惯的是自己的哥哥，哪里像固始汗的子孙，窝囊废一个，把他弄下去，我亲自上台得了。在我的手里，和硕特蒙古必将缔造当年的辉煌。

上台之后的拉藏汗心满意足。不过，拉藏汗很快便意识到：身边的官员都是这些年第巴桑杰嘉措任命的，都是他的心腹，哪有一个是向着我们蒙古人的？

狡诈的他很快就想清楚了：只有扳倒桑杰嘉措这棵大树，他的手下才会听自己的话。

没过几个月，1703 年的正月，拉萨照例召开传大召法会。传大召历史悠久，是 1409 年由格鲁派的祖师宗喀巴大师创建的，每年正月都要举行，连续二十多天，是西藏最隆重的宗教节日。在这种大法会上，高层僧侣、官员和信众打成一片，亲如一家。

只有在这样的法会上动手，才能显示出自己的权威。

拉藏汗已经迫不及待了。不过，他也知道，在这样重要的节日里，不能做得太过分，否则会闹得大家都反对他。

他决定先投石问路，试探一下桑杰嘉措的实力。这一天，拉藏汗随便找了个借口，派人把桑杰嘉措的随从抓走了。

桑杰嘉措立刻明白，拉藏汗此时跟他不是面和心不和，而是直接升级为军事对手了。这个时候讲道理有什么用呢，拉藏汗明摆着是冲着自己的权力来的，到最后拼的只能是武力。

桑杰嘉措猜得没错。他刚刚表示了一下不满，拉藏汗就采取了第二步行动，他在达木地方集结了军队，正向拉萨进发。

拉萨一下子就慌乱了，格鲁派更是担心双方打斗起来会危及地方。这时，拉藏汗的经师嘉木样协巴挺身而出，对桑杰嘉措说："第巴，我去劝一劝他，我想汗王与您之间有一些误会。"

误会？桑杰嘉措暗自冷笑，他明白，嘉木样协巴此举只不过是做做样子。

听到师父前来调解的消息，拉藏汗也很清楚，真的动起军队来，民心肯定背离自己。如果再不接受格鲁派的调解，显然是要得罪很多人的。对自己的师父，这个面子他不能不给。

拉藏汗以笑脸接待了师父，装作很委屈的样子说："师父，第巴对我误会太深啦，这都是他手下人挑拨的。我倒有个主意，第巴这些年劳苦，也该休息一下了，不如让他暂歇一段时间，这样那些手下人想挑拨也没有办法，我们之间的误会自然就消除了。"

听到嘉木样协巴传回来的话，经历过无数风浪的桑杰嘉措微微一笑，他早就料到这个结局，也早已做好了安排——第巴这个位子，我可以不坐，但也绝不能落到蒙古人的手里。

他派人对拉藏汗说："汗王的好意，我实在感激，这些年我也确实劳累，早就想歇歇了。不过汗王刚刚当政，对很多情况不甚了解，第巴这个职位，只能由我儿子担任。他这些年襄助我，这副担子他是很熟悉的，除了他，没人能为汗王分担。"

拉藏汗无话可说了，政治斗争不是一锤子买卖，最忌讳的是得陇望蜀。既然对方示弱了，再咄咄逼人就会天怒人怨了。只要桑杰嘉措这棵大树倒下去，那些小树早晚会七零八落。想到这里，拉藏汗爽快地同意了。

可是，桑杰嘉措和拉藏汗两人，谁能真的罢手呢！

短暂的和平维持了两年，退了位的桑杰嘉措一直在观察这个野心膨胀的拉藏汗。看到他一意孤行地把西藏搞得民怨四起，他再也坐不住了。1705年，他决定做最后一搏——再不搏，自己培养安置的手下就都没有势力了；再不搏，拉藏汗的地位就更难以撼动了；再不搏，仓央嘉措就该长大亲政了。可是，他哪里斗得过拉藏汗啊！必须在仓央嘉措亲政之前铲除拉藏汗，否则就辜负了五世达赖喇嘛的临终嘱托。

被逼到绝境的桑杰嘉措，走出了一步荒诞的棋：他买通了拉藏汗的内侍，让他往拉藏汗的食物中下毒。然而事情不幸败露，拉藏汗岂肯罢休，马上调动军队，要一举铲平桑杰嘉措。

桑杰嘉措只好匆匆应战，可他暗暗叫苦，手里的兵实在不多啊！

这时，嘉木样协巴又带领格鲁派的高僧们来调解了。经过上一次调解，桑杰嘉措和拉藏汗心中都清楚：所谓的调解，只不过是做做样子，谁会把对方的话当真呢？再说，就算调停了，也不过是暂时的。解决这件事的唯一办法，就是武力。

在格鲁派高僧们的调解之下，两边最终各退一步，达成协议：桑杰嘉措离开拉萨，反正早就不是第巴了，干脆移居山南的庄园休养；但拉萨不能落到拉藏汗手里，他也得离开，回和硕特蒙古的大本营青海去。

双方的人马各自启程了，格鲁派的高僧们长出了一口气。可他们想不到：一边是在政治舞台上摸爬滚打过来的主儿，一边是心狠手辣、手握重兵的家伙，谁会把这种协议当回事儿？

桑杰嘉措接受调停，只不过是因为匆忙之间手里军队不够，要是有绝对优势，他早就开仗了。

拉藏汗假意退兵，一方面是顾及拉萨是桑杰嘉措经营多年的地盘儿，动起手来胜负难料；另一方面，他也担心手里军队不足，要是有必胜的把握，他才不想放虎归山呢！

双方虽然表面上离开了，其实暗地里都开始调兵。没多久，双方主力开始在拉萨北面决战。桑杰嘉措好不容易凑足了三路人马，可藏军无论如何也打不过精锐的蒙古大军，很快败北。桑杰嘉措也被活捉，并被拉藏汗的王妃砍了脑袋。

拉藏汗赶到之后，假惺惺地哭了。他伏在桑杰嘉措的尸体上，惋惜地悲号："第巴啊，我只不过想杀掉给我们挑拨离间的坏人，没想害您啊！您要是不发兵，我的军队怎么能动手呢？"他哭归哭，心里可乐着呢：除掉了这个心腹大患，西藏还有谁敢不服从自己？

然而他很快就发现，自己的话没人敢不听，但他却还得听另一个人的。

这个人，就是六世达赖喇嘛仓央嘉措。

第五章
生关死劫

桑杰嘉措死后，拉藏汗开始对仓央嘉措下手。他首先斥责仓央嘉措不守教规，继而召开格鲁派上层高僧会议，企图从宗教内部事务的角度达到废黜仓央嘉措的个人目的。

但是，参加会议的格鲁派上层僧侣大多数并不怀疑仓央嘉措的达赖喇嘛身份，他们认为仓央嘉措仅仅是"不守教规"，是"迷失菩提"。

一计不成，拉藏汗只好奏请康熙皇帝，干脆挑明了说仓央嘉措是"假达赖"。

01. 何罪之有

当时，仓央嘉措已经 23 岁了。一个成年的宗教领袖，是横在拉藏汗面前的一座天然大山。拉藏汗心想：随着年龄和阅历的增长，这座大山会越来越雄壮，早晚会把自己压得喘不过气来。唯一的办法，就是除掉他。

莽撞的拉藏汗能坐上汗王的位子，也不是全靠蛮力，多少还是有一些头脑的。这念头刚在脑海中浮现时，他也不由得暗暗心惊：除掉活佛，哪里是那么容易的？这种事情，动武可没有任何道理，反而会惹祸上身。怎么办呢？除非……

拉藏汗马上派人向康熙皇帝汇报，把罪名一股脑儿地扣在桑杰嘉措身上：桑杰嘉措一直在勾结准噶尔人，准备谋反朝廷。现在，我把这个心腹大患铲除了，皇帝您就放心好了。不过，他拥立的那个仓央嘉措可是个假喇嘛，这小子成天沉湎酒色，不守清规，请大皇帝废了他。

这一天，为了给自己的说法找依据，拉藏汗将格鲁派三大寺高僧都给"请"了来。高僧们面面相觑，不知道这个凶恶的魔头想要做什么。

没想到拉藏汗竟然满脸赔笑说："众位大师，今日相请，我们议一议仓央嘉措的事儿。"他环顾四周，看高僧们不解，继续说，"此人是前任第巴假借灵童之名而立，近年来更是不守教规，德浅才薄，无法服众。今日请众位大师来，我等共同废除他的名号……"

话音未落，一位高僧大声说："不可，仓央嘉措何罪之有？"

"哦？"拉藏汗转脸看了看这个胆敢反对自己的僧人，"他前几年本该受比丘戒，为何推托？又为何将此前的戒体废掉？这样不守教规之人，我格鲁派怎能姑息？"

这位僧人无言以对。不过，另有僧人缓缓地说："汗王所言之事不假，但轻言废黜，也难说是我派教规吧？"

拉藏汗有点沉不住气了："他，他是个假的，他是桑杰嘉措蒙骗大皇帝的，不是真的转世之身。"

此话一出，众僧人都气愤了："大喇嘛行为确有错失，固然令人心寒，但凭什么说他并非转世活佛？这一说法太过无理！"

眼见格鲁派的高僧们异口同声反对自己，拉藏汗咽不下这口气，难道就这样放手不成？

然而，他又转念一想：你们这些僧人反对又能怎么着？我只不过是要你们帮帮腔而已。难道没有你们，我还没辙了不成？

于是，拉藏汗再次给康熙皇帝上书，说仓央嘉措是个假达赖。

这一次，康熙皇帝听信了拉藏汗的一面之词。旨意很快下来了，随之而来的还有两个钦差。他们对拉藏汗说："既然仓央嘉措是假达赖，那就让我们把他带回京城吧！"

拉藏汗有些摸不着头脑，他一直以为康熙皇帝会让他就地处决仓央嘉措呢，没想到朝廷要把人带走。他一时没了主意，只好暂且推托，说："若将假达赖解送京师，恐怕众喇嘛都要离散。倘若如此，西藏佛域必有震乱，于天下不利啊！"

两位钦差一时没了主意。商量之后，他们认为拉藏汗此言有理：既然是佛域，出了个假达赖就够乱的了。如果僧人们再出走他乡，这片土地岂不乱了套？

可是，他们毕竟是带着皇帝的命令来的，事情办不成也没法儿交差，只好回奏朝廷请示。

康熙皇帝接到奏报，淡淡地说："没关系，别看拉藏汗现在违旨，过几天，不用朝廷催促，他就会主动送人来了。"

果然不出所料，拉藏汗也明白违背朝廷的旨意会有什么下场。桑杰嘉措匿丧不报的前车之鉴，离此时可没有多少年。再说，既然自己说仓央嘉措是假达赖，也已经和格鲁派摊牌了，此时箭已上弦，不继续下去，这个场也没法儿收。

1706 年 5 月，拉藏汗决定，将仓央嘉措强行押送京师。

02. 白色的野鹤啊，请将飞的本领借我一用

这一消息在西藏引起了极大的震动。广大僧俗群众悲愤相告，立誓要武力夺回仓央嘉措。

1706 年 5 月 17 日这一天，当仓央嘉措启程时，无数僧俗群众

闻讯赶来。面对蒙古大军的刀枪，他们不敢多言，只是默默地流泪。有些胆子大的，不发一言地走上前来，将哈达献与活佛。

仓央嘉措默默接受了，他在心中默默持诵经文，乞求佛菩萨保佑自己的子民。

这一走，不知何时能再次回到这片土地；

这一走，不知能不能再见到自己的僧人；

这一走，不知会不会换来西藏的安定……

这些问题都曾在仓央嘉措的脑海中一闪而过。然而，此时的他无暇多想，命运掌控在别人手中，他又能说什么呢？他上路了。

这一天，当押送仓央嘉措的蒙古军队路过哲蚌寺山下时，遭到了早已埋伏好的一群武装僧人的突然袭击。还没等蒙古军队反应过来，仓央嘉措便被营救到寺里。

拉藏汗得到报告，震怒之余大吃一惊。怒在他没想到格鲁派的僧人竟敢跟他公开作对，惊在无法预知这个事情的后果。他在心里很快盘算了一下：手下的蒙古大军攻下几座寺庙是不成问题的，可这样一来便跟格鲁派势不两立，日后再有什么事情，自己的如意算盘也打不响了。

衡量再三，他还是决定用武力将仓央嘉措抢回来。不然，怎么跟康熙皇帝交代呢？

这一场大战打了三天三夜，虽然双方互有伤亡，但是这样打下去，僧兵怎么敌得过正规的蒙古军队呢？

眼见悲剧还要继续，结果无非是造成更多的伤亡，而自己也终究会再次落入敌手。于是，仓央嘉措平静地写了一首诗，交给心腹近侍，请他想办法带给心爱的达娃卓玛。然后，他站在山上，抖了抖衣袖，坦然地对蒙古人说："不要打了，我要下山。"

僧兵们大惊，刚要劝阻，仓央嘉措又说："不能再有死伤了，况且，久攻不下，拉藏汗倘若放火，寺庙如何保全？我又如何面对前世师祖？"

说完，他便走下了山，淡定而从容。

这一下山，他就必然走上了绝路。而他的"绝笔诗"，就是那首脍炙人口的诗歌——

> 白色的野鹤啊，请将飞的本领借我一用。
>
> 我不到远处去耽搁，到理塘去一遭就回来。

第六章
青海湖畔，余音袅袅

在正史记载中，仓央嘉措的故事在 1706 年冬天，随着青海湖畔的寒风而逝。

然而，无论是作为一位宗教领袖，还是那个人们喜爱的风流浪子，仓央嘉措的身影并未定格。各种民间传说的神秘演绎，让仓央嘉措的身后行踪更显得扑朔迷离。

01. 转世而来

据正史记载，就在这一年，在青海湖畔，仓央嘉措染病圆寂。此后的事情，恐怕他想都想不到。

拉藏汗推举了一位叫益西嘉措的僧人，成为第六世达赖喇嘛。可是，西藏所有的人都没把他当成真正的活佛，格鲁派更是暗中寻找仓央嘉措的转世灵童。

1712 年的一天，康熙皇帝苦苦等待的一个消息终于到来了。为了这一天，他足足等了六年。

他等的是仓央嘉措转世灵童的消息。

这一天，有人密报灵童已经找到，他在 1708 年出生于康区的理塘。

当然，康熙是不会静静等待的，在等待的这六年中，他必须为它的到来做好准备。因为，没有这样的准备，它搞不好就会成为坏消息。

他准备的，便是与准噶尔的决战。这些年来，大清与准噶尔部虽然维持着表面上的平静，但这平静之下却掩盖着一场一触即发的危机，这场大战迟早是要开打的。经过几年的准备，康熙皇帝已经有把握打赢这场战争了。

得到转世灵童的消息之后，康熙皇帝马上意识到：这个孩子不能再落入拉藏汗手中，更不能落入准噶尔手中，他一定要靠我们自己来培养。只有活佛与中央政府心系一处，西藏几十年来的政治纠葛甚至是战火，才会一举平息。

1715 年，准噶尔终于按捺不住了，他们开始攻击已经服膺清国的哈密。

康熙皇帝秘密叫来内廷侍卫阿齐图，问道："青海塔尔寺，距离我西宁大军有多远？"

曾经去过青海的阿齐图马上回奏："很近。"

康熙点了点头："青海的罗卜藏丹津以前曾奏报，有一个达赖活佛的转世灵童，你速去把他安置在塔尔寺。"

阿齐图马上动身，把孩子送到了塔尔寺。

康熙长舒了一口气：此地离西宁驻军不远，这孩子不会被蒙古人控制；而且，此地又是藏、蒙、汉交界之处，正好可以让他增长见识、提高声望。

康熙皇帝大喜之下，连下两道圣旨，鼓励他弘扬佛法，并在其中一次圣旨中明确写道：尔实系前辈达赖喇嘛转世。

青海的僧俗群众看到朝廷认可，马上要求将灵童迎请到拉萨。康熙皇帝不动声色，对这些要求置若罔闻。近侍大臣有些急，问道："皇上，如此一来，岂非有两个达赖活佛？"

康熙皇帝微微一笑，说："不，一个。另一个如何处置，无须我来做。"

康熙仿佛看到了结局。

果然，1717 年，准噶尔部入侵西藏，杀掉了不得人心的拉藏汗，废黜了益西嘉措。

接到奏报，康熙皇帝终于放下心来，他知道，对西藏用兵的时候到了。这次用兵，不但要一举清除蒙古人在西藏盘踞多年的势力，而且还要在西藏驻军，改革地方政务，真正将西藏的事务由中央政府管理起来。

而此时，那个被供奉在青海塔尔寺的孩子，也已经渐渐长大了。康熙皇帝对他的成长非常满意：他不仅学识好，而且性格谦和。格鲁派的僧众时常惊异地发现，他的一举一动，或是不经意间流露出的某种神情，像极了前世的达赖喇嘛。

很快，康熙皇帝任命皇十四子允禵为抚远大将军，远征西藏。经过多年的准备，再加上皇子亲征，这一仗打得极为顺利，清军一举将蒙古军队从西藏赶了出去。

1720 年，允禵率大军亲自将青海的转世灵童送往拉萨。沿途的僧俗群众翘首以盼，欢呼雀跃。看到清政府严整威武的军队，他们都清楚，蒙古势力再也不可能插手西藏事务了。从此，困扰西藏多年的纷争终于结束了。

这个在青海由清政府悉心培养的灵童，就是第七世达赖喇嘛——格桑嘉措。

02. 涅槃重生

然而在民间传说中，1706 年的冬天，在凄冷荒凉的青海湖畔，仓央嘉措并没有死去。

本来，仓央嘉措是抱着必死的心跟着蒙古军队离开的。他早已厌倦了肮脏的政治生活和枯燥的宗教生活，死，对他来说是一种莫大的解脱。况且，没有了达娃卓玛，就算脱离了现实苦海，又哪里不是苦海呢？

然而没想到，在青海湖畔，他竟然逃了出来。事后，他发现人们都说他已经"死"了。

这样也好，那就隐姓埋名地生活吧！仓央嘉措那个名字，在他的心中早已经死了，活佛那个身份，他提都不愿意再提。这两样，早就是他想摆脱而摆脱不掉的。此时的他，不用再努力抗争，命运就已经安排好，他再也不用为它们烦心了。

于是，他从虚幻缥缈的佛国回到了多苦多难的现实，从纵情诗酒的浪漫世界来到了尘世烟火之中。当他脱掉了"活佛"的华丽袈裟，才真正感受到了普通人的朴实、纯真和可爱……

是美好的民间给予他无私无畏的援助，帮助他摆脱桎梏，重获自由。

是善良的民间给予他无穷的关爱，帮助他在流亡的途中无数次化险为夷，终获平安。

民间，只有民间，才是真正美好和善良的。

当他发现了这一真理后，当有一天回顾自己的生涯时，早年读过的经文突然在耳畔回响——佛国，其实就在民间。这才是大爱的天下，这才是纯洁的净土。

跌宕起伏的人生，真正启发了仓央嘉措的心——佛是如此通达智慧，喻理圆通。人间苦难看得越多，仓央嘉措悟道便越深。大彻大悟的仓央嘉措在历经人生磨难之后，终于成为一名诚心皈依、禅理精深的佛教大师。

于是，他不遗余力地弘扬佛法，布道四方。

他到过青海、甘肃、四川、西藏，到过印度、尼泊尔，也到过蒙古草原。广泛游历的见闻，大大开阔了仓央嘉措的眼界——原来真实的世界是这样美好，又岂是布达拉宫的金碧辉煌能装饰出来的？

终于，生为活佛的仓央嘉措，"在世"时做了一个不合格的活佛；而"死去"的仓央嘉措，脱胎换骨为一个虔信佛法、普度众生的高僧。

1716 年前后，他来到现内蒙古阿拉善旗，开始在此地生活，并先后担当了十三座寺庙的住持，讲经说法，广结善缘，创下无穷的精妙业绩。

1746 年，64 岁的仓央嘉措病逝于内蒙古阿拉善旗。他的事迹被广大阿拉善人民传诵。当地人民为他修建了灵塔，供奉了他的遗物。令人感动的是，他的怀里还一直揣着达娃卓玛赠给他的一缕青丝……

一个人需要隐藏多少秘密，

才能巧妙地度过一生

——谜一般的活佛

无论仓央嘉措的身世如何扑朔迷离，无论六世达赖喇嘛的命运如何难以捉摸，大家记住的，只是作为诗人的仓央嘉措。

　　一个历史人物，往往有三种形象：历史形象，这是他的真实形象；文学形象，即他在文学艺术作品中的形象；民间形象，也就是他在民间百姓心目中的形象。

　　作为一位地方宗教集团的活佛，那个真实的历史形象，我们已经很难还原了。野史传说中只保留了他的另外两种形象：一是作为文学形象的风流浪子宕桑汪波，他的爱情故事一直是通俗文学中着力渲染的话题；另一个是作为民间形象的浪漫诗人，给我们留下了广为传诵感情饱满奔放的情歌。而这两种形象的综合体，完全遮盖了他的真实面目。人们记不住那个政教领袖，完全不关心他的政教功绩，只记住了那个风流倜傥、英年早逝的浪漫诗人。

　　也可以说，如果单纯是一个风流浪子，或者只是一个活佛、一个早逝的诗人，人们统统记不住。但如果"三位一体"，将有些神秘、有些浪漫、有些悲凉的因素集合在一个人身上，人们就容易记住他，并且津津乐道了。

第一章
情歌之谜

　　藏传佛教格鲁派的第六世达赖喇嘛仓央嘉措，是一位非常独特的历史人物。他的独特之处体现在民间：比如，大多数人叫不出历代达赖喇嘛的法名，却对"仓央嘉措"这个名字耳熟能详；大多数人说不出历代达赖喇嘛的著作，却多少能背出几句仓央嘉措写的诗。可以说，就是因为他的诗和他那传奇般的人生经历，让他从高高在上的法台上走了下来，进入了民间。

01. 仓央嘉措诗歌知多少

事实上，所谓的"仓央嘉措情歌"，只是在民间流传了寥寥几首，比如，"东山明月""不负如来不负卿""第一最好不相见"等，这几首诗可以说是人尽皆知。

那么，仓央嘉措到底写过哪些诗，流传到今天的有多少首呢？

很遗憾，就连这个简单的问题，都没有一个确切的答案。

这是因为，直到 20 世纪初期，这些诗歌虽然传播了二百年之久，却一直都没有刊印本，而是以手抄本和口口相传的形式流传的。很显然，以这种形式流传，具有很强的变异性，增删的可能性很大。

到了 20 世纪，尤其是于道泉先生开创了仓央嘉措诗歌汉译的先河后，诗歌的数量问题有了基本的答案。

目前，仓央嘉措情歌的辑本种类甚多，对诗歌数量做过详细统计的，是我国藏族文学研究的开拓者佟锦华（1928—1989）先生。他在《藏族文学研究》一书中曾提到：

解放前即已流传的拉萨藏式长条木刻本 57 首；于道泉教授 1930 年的藏、汉、英对照本 62 节 66 首；解放后，西藏自治区文化局本 66 首；青海民族出版社 1980 年本 74 首；北京民族出版社 1981 年本 124 首；还有一本 440 多首的藏文手抄本，另有人说有 1000 多首，但没见过本子。

从以上几组数字来看，就连佟锦华先生也无法确定诗歌的数量。而这个数量，是随着出版版本的不同而变化的。那么，我们就有必要了解一下仓央嘉措诗歌的出版版本。

近年来，仓央嘉措诗歌出版过多种汉译本，但大部分是根据以前的汉译本重译的，也可以叫作"润色本"。因此，我们这里列举的版本，就不宜包括近些年纷繁芜杂的"润色本"，而只考量有影响力和代表性的版本。

这样的版本有 11 种，从下面这个仓央嘉措诗歌译本对照表可以看出：于道泉先生 1930 年的译本，是汉译本中最早的。他翻译了 62 节，计 66 首。这个数字，可以视为仓央嘉措诗歌流传到 20 世纪初时的大概数量。

因此，我们有必要了解一下于道泉先生翻译诗歌的前前后后。最主要的是，他从哪里得到这 62 节藏文的原本？

	译者	名称	文字	原刊载情况	原刊时间	数量	备注
1	于道泉	第六代达赖喇嘛仓央嘉措情歌	英汉	国立中央研究院历史语言研究所单刊甲种之五	1930 年	62 节	赵元任记音
2	刘家驹	西藏情歌	汉	上海新亚细亚月刊社单行本	1932 年	100 首	杂有一般民歌
3	刘希武	仓央嘉措情歌	汉	《康导月刊》	1939 年 1 卷 6 期	60 首	五言古绝
4	曾缄	六世达赖情歌六十六首	汉	《康导月刊》	1939 年 1 卷 8 期	66 首	七言绝句
5	苏朗甲措周良沛	仓央嘉措情歌	汉	《藏族情歌》长江文艺出版社单行本	1956 年	32 首	选译
6	王沂暖	仓央嘉措情歌	汉	《西藏短诗集》作家出版社单行本	1958 年	57 首	选译
7	王沂暖	仓央嘉措情歌	汉	青海民族出版社单行本	1980 年	74 首	
8	庄晶	仓央嘉措情歌	汉	《仓央嘉措情歌及秘传》北京民族出版社单行本	1981 年	124 首	
9	《人民文学》	仓央嘉措情歌选	汉	《人民文学》	1956 年 10 月号	33 首	选载
10	《西藏文艺》	仓央嘉措情诗译集	汉	《西藏文艺》	1980 年 1、2 期	40 首	选载
11	Rick Fields, Brian Cutillo, Mayumi Oda	The Lovesongs of the Sixth Dalai Lama	英	The Turquoise Bee - The Lovesongs of the Sixth Dalai Lama	1998 年	67 首	

02. 因了于道泉，他被世人知晓

于道泉（1901—1992），我国著名的藏学家、语言学家、教育家，精通梵文、藏文、蒙文。他曾任北京大学蒙藏文教授，中央民族学院成立后又担任藏文教授，同时受聘于国家图书馆担任特藏部（善本部）主任。今天国家图书馆的大部分民族文字古籍，都是于道泉先生采集来的。据说，他熟练掌握的语言有十三种之多。

1926 年，25 岁的于道泉受聘为京师图书馆（今国家图书馆的前身）做满、蒙、藏文书的采访和编目工作。当时，他结识了两位藏族朋友，一位是西藏驻京僧官降巴曲汪，一位是藏文翻译官楚称丹增，这两人一起居住在雍和宫北大门。因为于道泉对藏文很有兴趣，于是两人将雍和宫的一间房子借给他住，平时教他研读藏文。

刚好在此期间，有一位西藏友人从拉萨来到北京，他随身带了一本梵文小册子《仓央嘉措》，内容就是所谓的"仓央嘉措情歌"。

需要说明的是，这本小册子的原文，有 237 句诗句，两句为一段，并不分节。

由于于道泉正在研读藏文，而且对诗歌也很感兴趣，于是他在藏族朋友的帮助下，把这 237 句诗句翻译为汉语，并依据诗句的意思，把它分为了 54 节。

此后，于道泉又从另一位朋友那里得到一本印度人达斯（Das）所著的《西藏文法初步》，附录中也有仓央嘉措情歌。于道泉将其与"拉萨本"相对照，发现两本并不完全一致："达斯本"有 242 句 55 节。其中，"拉萨本"的第 11、23、24、26、27、45 这六节，"达斯本"

里没有，而"达斯本"在 54 节后又多出 7 节。把这多出的 7 节翻译之后，就形成了于道泉译本中的第 55 节到第 61 节。

那么，于道泉译本的第 62 节，又是从何得来的呢？这是根据一位西藏朋友口述的补遗。

这就是于道泉译本 62 节数量的来历。从这儿可以看出：

第一，"拉萨本""达斯本"和藏人口述（一首）是于道泉译本的渊源；

第二，62 节这个数量，是于道泉人为划分的。"拉萨本"原本实际上是不分节、连着念的，但因为于道泉的整理比较符合诗意，因此出现了仓央嘉措诗歌的数目。

但是，于道泉这原始译本的 62 节，是否就是准确数目呢？

事实上，连他自己也解释不清。他在《译者小引》中曾明确地说："下面这六十二节歌，据西藏朋友说是第六世达赖喇嘛仓央嘉措所作。是否是这位喇嘛教皇所作，或到底有几节是他所作，我们现在都无从考证。"

而后世人在于道泉译本的基础上重译、润色的版本，也都遵循了这个数目。但我们必须清楚，"拉萨本"本身是没有数目的。

于道泉先生译后，曾将文稿交给许地山先生润色修改，但终不满意，于是就放在一边了。

到了 1927 年，陈寅恪先生推荐于道泉进入中央研究院历史语言研究所。这时，于道泉又将文稿重新润色，并向傅斯年先生提出出版申请。就这样，1930 年，第一本仓央嘉措诗歌汉译本正式出版，这就形成了"国立中央研究院历史语言研究所"版本的《第六代达赖喇嘛仓央嘉措情歌》。

在出版诗稿的同时，于道泉先生还撰写了一些补充性质的文字，大致有《自序》《译者小引》《附录》等等，其中讲述了仓央嘉措的生平、翻译诗稿的缘起和若干需要解释的问题。

于道泉先生的译法，简单来说是逐字逐句的"直译法"，最大程度上保留了诗歌的原意。但是，因为要照顾到文字的原汁原味，所以在今天看来，于译本读来有如嚼蜡。有的诗作丝毫没有诗意，而且有很多粗陋之处。关于这个问题，于道泉先生也承认，"翻译时乃只求达意，文辞的简洁与典雅，非我才力所能兼顾"。

不过，这个版本虽然不好读，价值与意义却非凡。

第一，这是个比较客观的汉文资料，即使没有藏文原本，或者不会藏语，也可以帮助很多学者研究仓央嘉措的诗歌。

第二，这个译本对后世影响极大，它开创了仓央嘉措诗歌翻译与研究之先河。可以毫不夸张地说，它就是汉译仓央嘉措诗歌的蓝本。

由于道泉先生的"蓝本"而来，后来人的版本便层出不穷了。需要强调的是，后来的版本大多数是从于道泉译本"重译"而来。因此，于道泉先生所定的这62节，便顺理成章地延续下来了。

03. 刘希武：其事奇，其词丽，其意哀，其旨远

那么，有没有不是从于道泉译本重译而来的汉译本呢？

如果这个版本也是60~70首，而它又与于道泉得到的藏文小册子毫无关系，那么我们就可以初步认定，仓央嘉措的诗歌流传下来的，大概就是这个数字。

这样的版本有一个，那就是刘希武先生的译本。

刘希武（1901—1956），四川人，曾投身军界、教育界，是进步爱国的革命诗人。1939年元旦，他赴当时的西康省教育厅任秘书。到职第四日，他便拜访了著名学者、翻译家黄静渊先生。因为刘希武平素好作诗文，是当时颇有名气的诗人，所以他们谈到了藏族文学。刘希武先生提到，"康藏开化已久，其文艺必多可观"，并请黄先生推荐书目。黄先生便拿出一本书，对他说："试译之，此西藏文艺之一斑也。"

这本书便是当时另外一个版本的仓央嘉措诗集，它是藏英两文的。刘希武先生带回家后，把它翻译为60首汉文古体诗。

对于自己的翻译，刘希武先生说："夫余之所译，盖根据拉萨本，并参证时贤英译及汉译语体散文，其于藏文原意有无出入，余不可得而知，然余固求其逼真者矣。"

这说明两点：

第一，刘希武先生译作的"蓝本"，不是于道泉的"拉萨本"小册子，而是另外一本，且不是汉文本。从他所述来看，他不懂藏文，是依照英文翻译而来。这说明，仓央嘉措诗歌当时已有英文版。但

这英文版从何版本而来，已无法追溯了。

第二，他在翻译的过程中，参考了"汉译语体散文"，此处是不是指于道泉译本，不得而知。但从他的自序和诗歌排列顺序来看，与于道泉《译者小引》相似，多半是受到了他的影响。

由此看来，我们无法推断出这个藏英两文版本是分节还是不分节，或者到底有多少首。而刘希武译本出现的"60首"，是蓝本原有60首，还是受到于道泉译本的影响，人为地分节为60首，也不得而知。

而这个版本到底是何物，由哪家社出版、出版年代如何、英文为何人所译，这个版本是否依然流行于世，就更无法考证了。

从刘希武译本的内容来看，它与于道泉所据的"拉萨本"和"达斯本"都有不同。这个不同点有二：

第一，于道泉译本中有六首诗，刘希武译本没有。这六首诗都是有关佛教内容的，不知道是刘希武所据的藏英两文版本原本没有，还是刘希武有意不译。但从刘希武对仓央嘉措及其情歌的定位来看，很有可能是他为了保持情歌风格的统一性，而有意不译的。

第二，刘希武译本的文字内容，显然过于"艳"，所用词句"情欲"成分过重，与于道泉译本的民歌风味大不相同。这有可能是英译本的文字风格所致，但更有可能是出于刘希武的主观倾向。他对仓央嘉措的认识是——"酣醉于文艺而视尊位如敝屣，其与南唐李煜何以异"，并认为他的诗"其事奇，其词丽，其意哀，其旨远"。

因此，刘希武译本不但文辞华丽、内容缠绵，而且少了几首佛教诗，这成了刘希武译本与于道泉译本的明显差异。

04. 在诗歌里，遇见仓央嘉措

除了刘希武所依据的这个我们不得而知的神秘译本外，其他包括影响力极大的曾缄译本等，几乎都是依照于道泉译本而来。因为于道泉先生将仓央嘉措诗歌汉译本定为 62 节，所以后来者几乎都是按照这个体例重译，虽有增删，但大致数目以于道泉译本为准。

按照学术界比较通行的意见，他的诗作有 60~70 首较为可信。目前，学界无法确定这些诗歌中，哪些是仓央嘉措的原笔，又有哪些是伪作。不过，对这些伪作的来源，学界认为有三种可能：

第一，有些诗歌可能是仓央嘉措对当时民歌的记录，而非原创。

第二，在后世流传的过程中，有可能掺杂进一些内容相似、风格相近的民歌。

第三，有些内容过于庸俗的作品，有可能是当年仓央嘉措的政敌伪造的，目的是以此证明他"不守清规"。

比如，在于道泉先生的译本中，有这样一首诗：

> 自己的意中人儿，若能成终身的伴侣，
> 犹如从大海底中，得到一件珍宝。

而在近年出版的《西藏日喀则传说与民歌民谣》一书中，收录了民间流传的一首：

> 日夜爱恋的情人，如能成终身伴侣，
> 哪怕是海底珍宝，我也把它捞上来。

很明显，这两首诗实际上是同一作品的不同版本。现在，我们根本不可能考证出是仓央嘉措的诗流传于民间，还是先有民歌而后被人收录在仓央嘉措的集子里。

仓央嘉措诗歌的另一位重要的汉译学者庄晶先生，在《仓央嘉措初探》中也指出："从抄本的文风来看，前后极不统一，大多比较粗糙，内容也混乱无章。木刻本所录的诗歌虽然多数非常优美，但分析一下内容，也有前后矛盾，甚至水火难容之处。"

比如，在庄晶先生的译本中，有这样两首诗歌：

默想上师的尊面，怎么也没能出现。

没想到那情人的脸蛋儿，却栩栩地在心上浮现。

黄边黑心的乌云，是产生霜雹的根本。

非僧非俗的出家人，是圣教佛法的祸根。

庄晶先生认为，这两首诗歌在思想上是矛盾的，有类于"和尚骂秃驴"。

另一位藏族文学的研究专家、前文提到的统计仓央嘉措诗歌数目的佟锦华先生，也认为有个别诗作不符合仓央嘉措的身份，比如：

你是金铸佛身，我是泥塑神像。

你我两人不能，同住一个殿堂！

此外，民间研究者也举出类似的例子，认为其中有些诗作不像是一人所写。比如：

我的意中人儿，若是要去学佛，

我少年也不留在这里，要到山洞中去了。

这首于道泉译本中的作品，表达的是感情的坚贞不渝。但同一译本中，却还有两首这样的诗作：

❶

邂逅相遇的情人，是肌肤皆香的女子，

犹如拾了一块白光的松石，却又随手抛弃了。

❷

情人邂逅相遇，被当垆的女子撮合。

若出了是非或债务，你须担负他们的生活费啊！

这两首诗显然内容轻薄，语调放浪，与前一首表达感情之纯洁、文字之简洁的诗作相比，恐非出于一人之笔。

05. 他把自己藏在了诗里，任世人误解

一般来说，一个人的作品多少能反映出他的生活状况和思想、情感变化。尤其是诗歌这种短小灵活的文学载体，适合在短时间内捕捉、记录生活场景和内心所想。所以，对一个诗人的生平研究，从诗作角度入手是可行的。

但是，这却不是考量标准，尤其不能从字面上理解。

比如，唐朝诗人朱庆馀有这样一首诗：

> 洞房昨夜停红烛，待晓堂前拜舅姑。
>
> 妆罢低声问夫婿，画眉深浅入时无？

如果按照字面意思理解，这就是写新娘新婚后第一天的生活细节和一种新娘子特有的内心变化，完全是日常生活的情调。难道我们可以据此理解这是朱庆馀日常生活的真实写照吗？

实际上，诗的名字叫作《近试上张水部》，这是诗人在问前辈文人张籍，自己的文章能否入考官的眼，自己能否中举。

仓央嘉措的诗，也属于这类情况。如果仅仅从字面理解，就很容易产生误解。尤其是考虑到少数民族诗歌善用借喻的手法和擅长抒情的风格，以及仓央嘉措身为宗教领袖而非职业诗人的身份，从诗歌角度入手考量他的生平、从字面推测他的生活，确实不太合适。

这里，我们可以对比同一首诗歌的两种不同翻译，并从中找出理解仓央嘉措诗歌的不同方法。

❶

心头影事幻重重，化作佳人绝代容。

恰似东山山上月，轻轻走出最高峰。（曾缄译本）

❷

从东边的山尖上，白亮的月儿出来了。

"未生娘"的脸儿，在心中已渐渐地显现。（于道泉译本）

（于道泉原注："未生娘"系直译藏文之 ma-skyes-a-ma 一词，为"少女"之意。）

通过对比我们发现，两者虽然文字不同，但内容显然是一致的。区别在于，于道泉将"少女"直译为"未生娘"。

解读这首诗的难点是"未生娘"，这是个仓央嘉措自造的组合词。拆分之后，"a-ma"是藏语中"妈妈"的介词形式，而"ma-skyes"的意思有两个，一是"未生"，一是"未染"；后者很可能是前者的引申义，翻译为汉语，有圣洁、纯真的意思。

如果采用"未生"这层意思，ma-skyes-a-ma 直译过来应该是"未生的母亲"，这也许就是于道泉翻译为"未生娘"的来源。

但在藏族人民的心目中，母亲又是女性美的化身。因此，如果采用"未染"这层引申意思，ma-skyes-a-ma 又可以表示圣洁的母亲、纯洁的少女。值得注意的是，照这个思路引申下去，还可以表示"美丽的梦"。

而"ma-skyes"这个词也是组合词。在"生育""生养"一词前面有个否定副词，于是可以意译为"未生"，但也可以直译为"不是亲生"。这样，ma-skyes-a-ma 直译过来，就是"不是亲生的那个母亲"。

这种理解是不是太好笑了呢？并非如此，在汉语中也有类似的用法。比如，"未来"通常用来表示时间概念的"以后"，"未来者"显然指的就是"后人"。可我们也要清楚，"未来"实际上也是个组合词，是在"来"之前加了个否定副词，可以表示"没有来"。《北史·薛辩列传》中有"汝既未来，便成今古，缅然永别"的句子，就是这个用法。由此，"未来者"三个字拆开后，曾在古人读佛经时理解为"腹中胎儿"，也就是"还没有来到人世的人"。

在现代汉语中也有类似的词，比如"不婚族"和"非婚妈妈"，都是在"婚"之前加以否定，但否定之后分别是"不结婚"和"没结婚"。所以，单纯从语言上来说，关键是要理解否定的范畴。

那么，"生育""生养"这个词，加以否定后，表示"没有生"是普遍都能理解的，但表示"不是亲生"又有什么不可以呢？

这样，关于这个词的解释就明显复杂了，不同的意思，直接影响到我们对诗作含意的理解。

如果翻译为"纯洁的少女""未嫁的姑娘"，是诉说相思之苦的情诗。

如果翻译为"美丽的梦"，则是抒发仓央嘉措的生活情志，当然，也可以理解为他在想念心上人。

那么，翻译为"圣洁的母亲"呢？任何人都可以体会到，这里包含的意思太丰富了。但若完全直译过来，又可以翻译为"不是亲生的那个母亲"，那指的又是谁呢？

在这里，我们只能从创作的角度分析。在任何国家、任何民族的语言中，用来赞美"少女""佳人"的词都是一抓一大把。以仓央嘉措的才情，应该不至于另造一个生僻的组合词。同样的道理，表达"美丽的梦"似乎也不至于如此"另辟蹊径"。另外，从仓央嘉措诗作的创作风格来看，总体特点是通俗、朴实。一个追求民间风味的创作者，断然不会刻意堆砌辞藻，更何况有现成的词不用，非要另造一个？因此，"少女"和"美梦"恐怕不是仓央嘉措的原意。

那么，他想表达的是什么呢？

如果考虑到语言中的"双关"用法，这个字谜就能渐渐解开了。或许，仓央嘉措就是为了"双关"而生生造出了这么个词。它表面意思是"纯洁的少女"或"未嫁的姑娘"，实际上是指"圣洁的母亲"，或者干脆就是"不是亲生的那个母亲"。

直接写"少女"或者"美梦"，表达不出内心的真意；直接写"母亲"，又显得太过直白。为了既能在字面上有美感，又能在含意上有深意，仓央嘉措不惜硬造了一个组合词。

所以，关键问题是"圣洁的母亲"或"不是亲生的那个母亲"到底指的是谁？

如果我们抛开仓央嘉措的民间形象，也就是说，我们不把他当作那个浪漫的诗人，而是回归他真实的历史形象——活佛，那么给他第二次生命的，能让他以圣洁的母亲来尊崇的，第一个是栽培他的桑杰嘉措，第二个只能是佛。

这样，全诗的意思就完全变了，它不再是什么静夜里怀想情人的情诗。如果那个"母亲"指的是桑杰嘉措，它就是政治诗，表达的是对他的怀念。因为实在无法在政敌拉藏汗的眼皮子底下表露心迹，所以用双关的手法造出这么一个隐晦的词。如果"母亲"指的是佛，那就是佛法诗，写的是他的修炼心得。

"政治诗"的说法是比较容易理解的，那么，"佛法诗"的说法是否行得通呢？仓央嘉措半夜里想佛又为哪般？

所以，我们又必须对诗的第一句进行重新定义。这就是说，第一句写的不是时间、不是当时的环境，而是用类比的手法，写出了想佛的过程。

也就是说，这首诗歌实际上用了我们通常所说的"倒装"手法，表面上读起来的顺序是：东山上升起皎洁的月亮时，佛的影像出现在我的心头。它的实际顺序应该是：佛出现在我心头的情景，就好像东山上升起皎洁的月亮。

一首意象丰富的诗，不可能将句子结构、句子成分完全写出来。所以，前后句之间的关系可以有多种解读方法。在对"东山诗"的理解中，前一句可以不作为后一句的状语，而作为它的补语。

从这个角度去理解，曾缄的七言绝句翻译是准确的，他不仅将内容的顺序调整过来，而且用了"恰似"这个词，将含意完全表达出来了。

我们再看另一首诗，这首诗在通行的《仓央嘉措情歌》中是找不到的，而是出自一本叫作《仓央嘉措秘传》的书中：

白色睡莲的光辉，照亮整个世界；

格萨尔莲花，果实却悄悄成熟。

只有我鹦鹉哥哥，做伴来到你的身边。

仓央嘉措这首诗写的是什么呢？在该书的记载中，仓央嘉措听到了作者阿旺多尔济的哭声，听出他是桑杰嘉措的转世，所以写了这首诗，表达他与桑杰嘉措重逢的欣喜以及对他不离左右、始终相伴的感激。因此，这是一首不折不扣的"政治诗"。

实际上，一直以来就有学者试图抛开仓央嘉措的民间形象，而是从他的真实历史形象的角度，去理解他的诗歌。比如，有学者认为，仓央嘉措作为一位出身宗教世家、受过严格宗教教育的宗教领袖，他的诗歌作品主要是反映自己在缺乏人身自由、身受陷害的特定历史背景下，怀念桑杰嘉措并抒发在佛法修行方面的心得。

也就是说，他的所谓"情歌"分为两种：一种是"政治诗"，抒发他处于政治旋涡中的矛盾心情和厌倦情绪；一种是"佛法诗"，记录他学佛的感想、修持的心得。显然，这两样都与"爱情"无关。当然，也可能存在第三类，那就是在日常生活中有感而发的"生活诗"，但学者认为也不宜从情欲方面去解读。至于那些现在看不明白的诗，则需要具备一些佛教知识和藏传佛教修持功夫的人才能理解。

当然，这样的说法，猜测和假设的成分极大。对于大部分人来说，在无法掌握藏文和仓央嘉措诗作原本的情况下，只能通过汉译本来理解。然而，从汉译本的字里行间，也能寻找到以上几种说法的蛛丝马迹。

06. 谁是仓央嘉措诗歌的知音

目前，仓央嘉措诗歌的汉译本中，比较常见的有两种：

一种是绝句体，主要有曾缄的七言本和刘希武的五言本。

一种是常见的自由体，也就是白话诗。这种版本以于道泉先生的译本为代表。

造成仓央嘉措诗歌在风格、笔法、主旨等方面不一致的原因，除了前面所说有三种伪作情况外，更主要的原因是翻译者对原作进行的"再加工"。

目前，学界基本认定于道泉先生的译本比较忠实于藏文原文，最大程度上保留了原作的风貌。那么，从这个前提出发，后来的译本如若与于道泉译本有过大的差异，则可视为在翻译过程中融入了个人感情，或受到了非文字方面的影响。

比如刘希武先生的译本，且不说内容上与于道泉译本的诸多差异，仅风格方面，于译本民歌味道较浓，而刘译本则显然"情欲"成分较重，这源于他对仓央嘉措是浪子活佛的主观认定。

另外，刘希武在翻译的过程中，受汉语诗歌创作理论的影响也是比较大的，主要表现在典故和修辞方法的运用上。

比如，于道泉先生译本中的这一首诗：

> 虽软玉似的身儿已抱惯，却不能测知爱人心情的深浅。
>
> 只在地上画几个图形，天上的星度却已算准。

在刘希武译本中却是这样的：

> 日规置地上，可以窥日晷。
> 纤腰虽抱惯，深心不可测。

显然，"日规"一词出于刘希武先生的主观加工。

除了内容上的添加之外，刘希武译本最大的问题，是改变了仓央嘉措原诗的风味。

比如他的译本中有这么两首诗：

❶

> 倘得意中人，长与共朝夕。
> 何如沧海中，探得连城璧。

❷

> 獒犬纵狰狞，投食自亲近。
> 独彼河东狮，愈亲愈忿忿。

诗中出现的"连城璧""河东狮"，明显是汉文化的典故。虽然用典并不晦涩，但确实已经失去了流畅、自然的民歌风味了。

实际上，即使是以于道泉译本为"蓝本"的"润色本"，也出现了这个问题。

比如曾缄先生的译本，虽流传极广、评价极高、影响极大，但也融入了译者个人对诗歌艺术的理解。

曾缄（1892—1968），四川人，1917 年毕业于北京大学，是黄侃先生的弟子。1929 年，他受聘到当时的西康省临时参议会任秘书长，听说了仓央嘉措和他的诗歌，于是"网罗康藏文献，求所谓情歌者，久而未获"。

后来，他在朋友处见到了于道泉先生的译本，认为"于译敷以平话，余深病其不文"。他觉得于译本文采不足，有点像是"大白话"。于是"广为七言，施以润色"，讲求了押韵、格律、用典以及意境等，这样一来，也就将清新流畅的民歌风味改成了"文人诗"。

两者的特点在于：曾缄译本仿古意，用词考究，意象丰富，但劣势在于绝句体束缚了民歌自由活泼的灵气；而于道泉的自由诗译本文字比较浅白，而且多用直译的手法，不过分追求辞藻，显得流畅自然。

比如，曾缄译本的名篇：

> 曾虑多情损梵行，入山又恐别倾城。
> 世间安得双全法，不负如来不负卿。

关于此诗，于道泉先生的译本是这样的：

> 若要随彼女的心意，
> 今生与佛法的缘分断绝了；
> 若要往空寂的山岭间去云游，
> 就把彼女的心愿违背了。

可以看出，曾缄译本的头两句，实际上就是于道泉译本全诗。古诗词用词简省、意蕴丰沛的特点，确实完全体现出来了。而曾缄译本的后两句，纯粹是他的个人"发挥"。虽然它将全诗意境"提升"了很多，后人也多将这一句当作警句传诵，殊不知，这根本不是仓央嘉措的原笔原意。

这就是几乎所有仓央嘉措诗歌汉译本的共同问题。

出现这个现象的原因大概有几种：

其一，重译者很难如于道泉先生一样接触到早期的藏文本，或者对藏文并不精通，无法像于道泉那样采用"直译"法。因此，加入译者主观意识的"意译"，便在所难免了。

其二，汉译译者对藏族文学的特征、风格把握不力，只好用汉文化的诗歌理论与技法进行再创作，由此产生了"文人诗"。

其三，不排除个别汉译者因对仓央嘉措生平的认识过于偏颇，先入为主地认为其诗也应以"情"为先，因而有意曲笔，产生了"情诗"。

第二章
死亡之谜

　　按照正史记载，仓央嘉措在被押送北京的途中，路过青海湖附近时染病圆寂。然而，关于他的死亡地点和死亡时间，却因出现了多种记载而成为疑案。因此，关于他的身后事，给后世留下了一个长达三百年的历史谜团。

01. 但见湖面一片冰封，谁人知晓其中真相

综合正史和野史的记载，关于仓央嘉措的死亡时间和地点，总结起来，有三大类八种之多。

第一类，死亡说，或叫早逝说，也就是认为仓央嘉措于 1706 年死于青海湖附近。这也是宗教、文化研究者普遍认同的说法。

这一类观点又分为三种：

其一，病逝说，认为他患水肿病身亡；其二，谋害说，认为他被拉藏汗的和硕特蒙古势力害死；早年间还存在第三种说法，即自杀说，但现在几乎已经没有人持这种观点了。

第二类，非死亡说，也就是目前民间比较流行的"遁去说"。

此类说法又有不同版本：

其一，失踪说，认为他自行逃走，民间有他"施大法力"挣脱刑枷而脱身的传说；其二，放行说，认为押解者迫于两难局面，"恳请"他逃走；其三，营救说，有史料记载他被其他政治势力接走，此后隐姓埋名。

至于他"遁去"之后的事，都落在"阿拉善"。无论是自行逃走，还是被放行走脱，或者被营救而走，无非是"遁去"的方法不同。到最后，他的归宿都是在贺兰山附近的内蒙古阿拉善旗终老。因此，也可以将这几种说法统归为"阿拉善说"。

第三类，五台山说。

五台山说又有两个版本：

其一是五台山囚禁说，也就是说仓央嘉措被一路押解到北京，后来被康熙皇帝囚禁于五台山终老；其二是五台山隐居说，这个说法实际上是"阿拉善说"的插曲，认为仓央嘉措"遁去"后辗转来到五台山，隐居六年之后，最终又云游到阿拉善去了。

如此纷乱的各种观点，给仓央嘉措 1706 年后的"身后事"，留下了种种谜团。如何穿越层层历史迷雾，找到历史真相呢？

02. 疑点重重的五台山说

我们先从比较简单的说法入手——五台山说。

很多人认为，这一观点见于近代学者牙含章先生的著作《达赖喇嘛传》。

牙含章（1916—1989），甘肃和政县人。20 岁时曾在格鲁派六大丛林之一的拉卜楞寺学习藏文，之后作为嘉木样活佛的汉文秘书随行到拉萨，并在哲蚌寺学习了寺内藏文佛教古籍。此后，他参加了革命，并在战争时期坚持民族历史的研究。新中国成立后，他曾作为班禅行辕助理代表护送班禅大师进藏，并在西藏工作七年。其后，他担任过中国科学院民族研究所所长等职，是我国著名的社会学家、民族学家。

1952 年开始，牙含章先生深入研究西藏历史，写成了 26 万余字的《达赖喇嘛传》和近 30 万字的《班禅额尔德尼传》。这两部著作一直被现代学者认为是研究达赖喇嘛、班禅额尔德尼两世系活佛生平的信史。

在《达赖喇嘛传》中，关于仓央嘉措的死因和下落，牙含章并未下定论，而是并列了死亡、遁去和五台山三种说法，之后紧接着说"西藏人民一直认为仓央嘉措死在青海海滨"。

其中五台山一说，牙含章先生说见于藏文的《十三世达赖喇嘛传》。他简单地归纳为"十三世达赖到山西五台山朝佛时，曾亲去参观六世达赖仓央嘉措闭关静坐的寺庙"。而他看到的藏文原文，翻译过来的大意是：十三世达赖喇嘛曾在五台山朝佛时，于仓央嘉措闭关修行的公亚东山洞中，为纪念这位前辈念诵《大慈悲经》二十一日。

对此，葛桑喇先生这样评价："六世达赖在五台山闭关静坐一事，又不知何所据而云然？"

由此看来，是有学者对牙含章先生这段文字不以为然的。

那么，牙含章先生自己又是什么态度呢？

在牙含章《达赖喇嘛传》的"十三世达赖喇嘛土登嘉措"一节中，丝毫不见什么参观"仓央嘉措闭关寺庙"的记载，只简要地叙述了十三世达赖喇嘛途经五台山的活动，无外乎是讲经说法和会见一些外国使节等。这似乎说明，牙含章先生认为"参观遗迹"的事情不宜作为史料记载。

更有意思的是，牙含章先生的著作曾于 1963 年由生活·读书·新知三联书店以"内部资料"的形式出版过。在那一版中，还有这样的话："根据这一记载来看，六世达赖喇嘛仓央嘉措被送到内地后，清帝即将其软禁在五台山，后来即死在那里，较为确实。"

而在 2001 年再版的时候，这段话没了。这意味着什么呢？

牙含章先生是 1989 年去世的，也许在生前他就将这段话删去了，那么证明他已经修正了 1963 年出版时持有的"仓央嘉措被软禁在五台山"的观点。也就是说，"五台山囚禁说"并不能算作牙含章先生的观点。还有一种可能，是编辑在再版的时候删掉的。这么做的唯一解释是：学术界否定了牙先生早年的学术观点，不把它当作主流意见。

综上，"五台山囚禁说"要么就是空穴来风（不知道牙含章所见的《十三世达赖喇嘛传》如何记载的），要么就是断章取义（牙先生列举了多种说法，而读者专盯着"五台山"三个字），要么就是已经被推翻。

因此，凡是用牙含章的《达赖喇嘛传》作为"五台山说"正史证据的，全都是断章取义，绝不能将学者列举的传说、猜测性说法当作他的学术观点，更不能将学者已经修正的观点继续以讹传讹。

03. 扑朔迷离的死亡谜团

死亡说，这是正史记载的观点，但它是否是历史的真相呢？

首先，我们来看"死亡说"的第三种——自杀说。在佛教戒律中，自杀之人是不可转世的。所以，这种说法就与达赖喇嘛此后的传承延续产生了矛盾。

那么，"自杀说"又是从哪里传出来的呢？

据说，青海湖地方有一种流行了三百年的民俗活动：当地的藏族同胞每年向湖中抛食物，用来纪念仓央嘉措，因为传言仓央嘉措"自溺"于湖中。

这显然是藏族版本的"屈原投江"的故事。可汉族地区端午节包粽子抛入江中的习俗，就一定说明屈原是投江自溺的吗？目前学术界对屈原的死因和死亡方式有了更多的研究成果，几乎完全推翻了"端午习俗说"成立的可能性。"屈原自溺说"的根据，无非是他的那首《怀沙》诗，是以诗歌作品推测人物生平的典型事例。既然端午习俗不是屈原自溺的证据，凭什么青海湖投食就一定是为了纪念溺水而亡的仓央嘉措呢？

"自溺说"明显是民间心理揣摩出来的产物。况且，这一说法也没有充分的文献资料记载。就连青海湖投食的民俗，除了当地有此民风，外界也不见记载。

既然仓央嘉措不可能"自溺"，那么，青海湖畔为何还有"投食"的风俗呢？

很可能跟"死亡说"的另一种说法——"病逝说"有关。在这个说法中，仓央嘉措病逝后，和硕特蒙古人将他的尸骸抛弃了。也许青海湖畔的人民认为扔在了湖里，因此每年往湖中投食物祭奠。

所以，"自杀说"很可能是"病逝说"的民间演绎版本。当地群众怀着某种特殊的心理和情感，不愿意接受他英年早逝的事实，由

"抛尸"这一细节出发，演绎出更为悲壮的死亡方式，以烘托典型人物的悲剧色彩，这是可以理解的。

于是，我们关注的焦点转向了"病逝说"。

然而，又很有可能发生过这样的事情：先是谋害，之后在上报中央政府时以"病逝"为由开脱罪责；或者谋害在先，但后世为了给某些人文过饰非，故意篡改历史档案，伪造了病逝的理由。

那么，谋害有没有可能呢？

答案是：有可能，但很难。

说有可能，是基于拉藏汗的心理出发，他一定是想除仓央嘉措而后快，并拥立代表自己利益的益西嘉措。

但是，想法可以有，行动起来却很不现实。

首先，拉藏汗是打着将仓央嘉措"押解京师"的旗号的，半道弄死了算怎么回事？又如何交代？

其次，他应该是坚信，仓央嘉措送到京城必死无疑，那么现在何必心急？这么急着下手，自己岂不被动？

再者，虽然仓央嘉措名义上被"打倒"，但是拉藏汗是和硕特蒙古人，蒙古人早已服膺藏传佛教，尤其和硕特部更是坚定的信徒，就算拉藏汗有这个心，手下人谁来下这个刀？

从现存史料来看，"谋害说"并没有充分的证据。

如此一来，"死亡说"只剩下"病逝说"这一种观点了。

"病逝说"观点有很坚实的史料证据，这就是《清圣祖实录》：

康熙四十五年十二月庚戌，理藩院题："驻扎西宁喇嘛商南多尔济报称：拉藏送来假达赖喇嘛，行至西宁口外病故。假达赖喇嘛行事悖乱，今既在途病故，应行文将其尸骸抛弃。"从之。

至于他患了何种病，有学者认为是水肿病。

顺便说一句，"水肿病说"出现在于道泉先生的《第六代达赖喇嘛仓央嘉措情歌·译者小引》中。可是，在其文中也提到了"在纳革雏喀被杀"，因此，"水肿病说"实属于道泉先生列举多方不同说法，并不代表于道泉先生的学术结论。但有些学者断章取义，言称"水肿病说"出自于道泉先生，这是绝对错误的。

虽然"病逝说"占据主流，但它显然也是有疑点的。

当时，康熙皇帝已经派护军统领席柱、学士舒兰为使入藏，一方面是封拉藏汗为"翊法恭顺汗"，另一方面便是押送仓央嘉措入京。拉藏汗先是不肯，后来又主动押送。可是，将仓央嘉措的"死讯"上报朝廷的人，却是驻扎西宁的喇嘛商南多尔济。为什么朝廷钦差不报告？他们的奏折在哪里呢？

此外，尸骸的处理也耐人寻味，史料上记载是"弃尸"。即使仓央嘉措此时被认定为"假达赖"，但这么大的政治问题，如此处理不显得过于草率吗？这不是明显要造成"死无对证"的情形吗？难道康熙皇帝对此没有一点疑心？

疑心应该是有的。早在这年的十月，康熙皇帝派席柱去西藏押解仓央嘉措入京时，朝廷上就有反对意见。皇太子和很多大臣问，把一个假达赖弄来干什么？康熙解释，这是因为仓央嘉措虽然是"假达赖"，但是毕竟有这个名号，"众蒙古皆服之"。因此，他怕准噶尔部将他弄去。那样一来，准噶尔部就可以号令整个西部，"如归策妄阿拉布坦，则事有难焉者矣"。这个策妄阿拉布坦就是噶尔丹的侄子、当时准噶尔的首领。

如此看来，康熙皇帝对仓央嘉措的处理是非常周密的。如果他"病故"，既没见到尸首骨灰，也没见到钦差的奏报，事后更没有追查，难道他真就相信仓央嘉措死后被抛尸了？这岂不令人疑心？

以上关于"死亡说"的证据，还有一项正史史料从未涉及，那就是《清史稿》。让人琢磨不透的是，在《清史稿·列传·藩部（八）西藏》一节中只说："因奏废桑杰所立达赖，诏送京师。行至青海道，死，依其俗，行事悖乱者抛弃尸骸。卒年二十五。"

这就是说，《清史稿》只说其"死"，死因却不明说。为什么不沿革《清圣祖实录》的记载，明确地说"病逝"呢？《清史稿》编纂的时候，世上已经流传着仓央嘉措死亡时间及死亡原因的种种说法，会不会是编纂者受到了民间的影响呢？

04. 众说纷纭的阿拉善说

这一民间影响，很可能就是"遁去说"。这一说法虽不见于正史，但野史、传闻比较丰富，甚至有人见过"实物证据"，因此一直受到极大的关注。

如果我们的考证之旅再周密、严谨一些，就会发现更为复杂的情况。我们在前面分析"病逝说"和"谋害说"的关系时提出，有可能发生谋害在前、伪说病逝在后的情况。而实际上，也完全可以遁去在前、同样以病逝为由交差了事。

也就是说，在青海湖畔，无论是仓央嘉措自己逃跑的"失踪说"，蒙古人恳请他逃跑的"放行说"，还是其他政治势力将他接走的"营救说"，其结果都是以仓央嘉措病逝、抛尸为结论上奏朝廷，匆匆结案。所以正史记载他"病逝"了，而真相很可能是"遁去"了，两种说法完全可以并列出现，并不意味着否定正史记载。

那么，以上三种"遁去"的说法，哪一种更有可能呢？

"失踪说"有明显的神话色彩和附会痕迹。此种说法认为，仓央嘉措是用"大法力"从刑具中脱身，之后飘然而去。后来他又使用过好多次"大法力"，比如救人性命、降伏魔障等。民间流传比较广的是"拘狼"的故事：话说他云游到阿拉善，以为人放羊为生。有一天，他放的羊被狼吃了，主人大怒，要惩罚他。仓央嘉措不认罚，于是一声口哨将狼招来，对主人说："你的羊是它吃的，你和它理论吧！"见到此等"大法力"，蒙古人才知道这就是达赖活佛。

很明显，这太过神奇了，是一种为有传奇色彩的人物作传记时的常用笔法。

反对"遁去说"的学者提出意见：以当时的严冬天气，在冰天雪地的青藏高原上，在远离家乡、举目无亲的荒滩野岭中，逃出去岂不是找死？如果要逃，最好的地点应该在甘肃或者蒙古地区。

这是基于常识的推理。但是，却忽视了另外两种可能——"放行"和"营救"。

如果"放行说"成立，那么，拉藏汗为什么要放，而且必须放呢？放行之后又发生了什么呢？如果"营救说"成立，那么，是谁将仓央嘉措接走，又是在什么情况下接走的呢？

"营救说"记载在蒙文的《哲卜尊丹巴传》中。但要说明的是，这种"营救"并不是格鲁派僧兵三次武力救援那种军事行动，而是在几方政治势力达成政治交易后，将仓央嘉措"接走"了。不过，这种说法仅见于蒙文史料中，并没有充足的证据，而且这件事本身也不太可能。

因为"营救说"的最终落脚点还是"阿拉善"，而它的产生背景、发生条件、事后情节等，都与"放行说"差不多。所以，了解了"放行说"，"营救说"也就基本上真相大白了。

目前所见最早的"放行说"观点，出现于前文提到过的《仓央嘉措秘传》。实际上，它就是"阿拉善说"的始作俑者。

这本书原名叫《一切知语自在法称祥妙本生记殊异圣行妙音天界琵琶音》，简称《琵琶音》。因为在拉萨藏文木刻版的每一页书眉上都有藏文"秘传"二字，所以民间俗称为《仓央嘉措秘传》。拉萨木刻版据说是十三世达赖喇嘛下令刻版刊印的，而后世流传直到现在我们能看到的铅印本，都是依据这个版本而来。只不过，这个版本与最初的版本（学界称南寺本）有很多误差。

这本书的作者叫额尔德尼诺门罕·阿旺伦珠达吉，又名拉尊·阿旺多尔济，是阿拉善旗的蒙古人。此书成书于1757年，以第一人称叙述，也就是仓央嘉措的"亲口讲述"。书中记载，阿旺多尔济被仓央嘉措认出是桑杰嘉措的转世化身，因此着力培养他，毫无隐瞒地对他说出了终身的秘密，并且将自己的遗愿和后事都托付给了他。

其中关于"放行"一事的记载如下：

迤逦行来，经北路，走到冬给措纳湖畔，皇帝诏谕恰纳喇嘛与安达卡两使臣道："尔等将此教主大驾迎来，将于何处驻锡？如何供养？实乃无用之辈。"申饬极严。圣旨一下，众人惶恐，但有性命之虞，更无万全之策。恳求道："为今之计，唯望足下示状仙逝，或者伪做出奔，不见踪迹。若非如此，我等性命休矣！"异口同声，哀恳再三。

我道："你们当初与拉藏王是如何策划的？照这样，我不达妙音皇帝的宫门金槛，不觐圣容，决不回返！"此言一出，那些人觫惧不安。随后就听到消息说是他们阴谋加害于我。于是我又说道："虽则如此，我实在毫不坑害你们，贪求私利之心。不如我一死了之。但这也得容我先察察缘起如何再说。"如此一讲，他们皆大欢喜。

按照这个记载，"失踪说"的疑点就可以解开了：不明真相的人以为他"失踪"了，于是产生了"失踪说"，而他的"失踪"其实没有学者质疑的那么难。

而"死亡说"也可以说得通：这是个政治交易，"放行"仓央嘉措可以，但必须对外宣布他已经病死。这也就是正史记载的"病逝说"，只不过它是个不折不扣的"官方说法"。

《仓央嘉措秘传》中记载，仓央嘉措答应"被放行"后远走他乡。他先是到了安多、西康，本来打算回拉萨，却在路上遇到了一个人，说起峨眉山风光秀美。仓央嘉措反正也闲着没事，就先去旅游了一圈，1709 年才返回拉萨，被色拉寺的一位老僧人藏在禅堂里一个月。仓央嘉措不愿意给他添麻烦，又离开拉萨去了山南，路上不但朝拜了很多佛教圣地，还认真苦修了一下密宗。1711年，拉藏汗得知了他的行踪，派人来追拿。仓央嘉措逃脱后，去了尼泊尔和印度，1714年才返回西藏山南。此时的他已经超凡脱俗，心态十分平和，成为一个游方僧人了。

1715年，他化装成乞丐回到了拉萨，却在哲蚌寺的法会上见到了熟人。他意识到拉萨没法儿待，便带着十几个人经青海去了阿拉善，在那儿通过一个叫扎加台吉的人，认识了阿娥王。1717年秋天，仓央嘉措随着阿娥王的王妃跑到北京游览了一圈，竟然在那儿碰到了一个叫阿罗的大臣。这位大臣以前曾经供养过一位活佛，那位活佛因事获罪，临走前给了阿罗一卷帙经函和一个宝瓶，并对阿罗说："我走后，会有一位和我一样的喇嘛来这儿，他的名字叫仓央嘉措，将来你自会知道。他来时，麻烦你将这些东西交给他。"

阿罗见到仓央嘉措后，意识到以前活佛的话应验了，便对仓央嘉措说："喇嘛，我认识您。您的底细我全知道，如果您愿意做达赖喇嘛，我可以呈请皇帝，让您复位。"仓央嘉措表示不愿意，于是阿罗又说，"如果您不愿要高位，那明后天就离开这儿为好。"

1718年春天，仓央嘉措离开北京回到了阿拉善，就住在扎加台吉的家里。之后的1720年、1721年，他两次去了青海。1723年，青海丹增王作乱，当时仓央嘉措早就预见到青海要发生战乱，于是提前回到了阿拉善。

1727年，仓央嘉措开始参加当地一座寺院的修建工作，这寺汉语名为石门寺。但它修建了很长时间，直到1743年才竣工。因为在修建的过程中，当地官员百般刁难、千般阻挠，仓央嘉措甚至下跪求情、贿赂官员，寺院才得以断断续续地建下来。但建好之后，清政府的政策有所变化，不但十分鼓励修建佛寺，还给了石门寺上下僧人一些布施，当然也少不了仓央嘉措的。1730 年，岳钟琪甚至请仓央嘉措做了法事，保佑他战争胜利。

1736 年，清政府为了对西北用兵，将阿拉善和硕特旗迁往青海。仓央嘉措自然也随之移居青海，在那边住了九年，其间担任过十三个寺院的堪布。1745 年，清政府调整政策，让原阿拉善和硕特旗的人迁回阿拉善。仓央嘉措又跟着回来了，不久染病，于 1746 年 5 月 8 日去世。

这就是民间传说中"阿拉善说"的全部内容。其内容的实质就是：1706 年，仓央嘉措没死，在一定的条件下逃脱了困境，之后游历四方，最终在阿拉善旗定居并圆寂。

05. 此身安眠处，响起了悠悠的梵歌

问题是，《仓央嘉措秘传》靠谱吗？

阅读下来，我们会发现很多问题：

一、仓央嘉措杀生。书中记载，仓央嘉措向尼泊尔逃亡的时候，杀了两只恶狗；去印度的时候，用大石头砸死了一头人熊（学名罴，也叫马熊）；更诡异的一处记载是，有一次他为了救落水的同伴，不小心把身上带的舍利丢了，他竟然要自杀。前面说过，佛教徒自杀是很严重的破戒行为。

二、仓央嘉措不善。书中一开头就有个故事，说有一位僧人从前藏来到阿拉善，认出了仓央嘉措，于是就说"这人就是某某"。仓央嘉措很生气，立刻诅咒他说："让遍入天罚你！"那位僧人当时就中风失语，一辈子也没好。作为佛家弟子，不知道"贪嗔痴"是不善念吗？动不动就诅咒人家，还让人家一辈子残疾，这怎么解释？

三、神迹无处不在。书中记载，有一次仓央嘉措感染天花，马上要死了，一只乌鸦丢给他一块肉，救活了他。他回西藏后，又被拉藏汗的人抓住，在路上，突然狂风大作，飞沙走石，押送的人都冻僵了，他没事儿，跑了。还有一次仓央嘉措迷路，有神秘女人给他带路，还有年轻姑娘照顾他一个月，后来他做了一个梦，才知道那是空行母下凡帮他，故事跟《西游记》里各路天神菩萨护法六丁六甲保护唐僧差不多。

四、不合常理匪夷所思。前面说仓央嘉措砸死一头人熊，不是他埋伏好了打猎，而是他被那只人熊追逐。人熊这种动物，连成熟的猎人都不敢招惹，它会让仓央嘉措从手里溜掉吗？更好笑的是，书里记载，仓央嘉措不是一个人逃跑，而是背了一个已经吓傻的同伴翻了几座山，之后才腾出手来推动大石头，砸死了人熊。

类似的记载相当多。看《仓央嘉措秘传》，简直就像在看神话故事，其中的许多情节都过于玄幻，如果作为史料，可信度非常低。庄晶先生就评价说："有许多内容怪诞离奇，属于'子不语'之类的东西。"

据《仓央嘉措秘传》记载，1733年夏天，阿拉善当地破土动工修建昭化寺，建成后便由仓央嘉措主持大法会。1746年仓央嘉措病逝后，他的肉身被昭化寺立塔供奉。1756 年，阿拉善当地建造南寺，并将昭化寺全盘搬到那里，当然，仓央嘉措的肉身塔也移了过来。1760 年，乾隆御赐南寺为广宗寺，阿旺多尔济成为广宗寺的一位大活佛。

至少在几十年前，此地的"仓央嘉措肉身塔"还存在。据说还有很多仓央嘉措的"遗物"，当地也一直流传着仓央嘉措最终落脚阿拉善的故事。现在的广宗寺，是 1981—1990 年重建的。重建之后，寺里立了一块《兜率广宗寺记》碑，上面直接就写上了仓央嘉措与广宗寺的渊源。看来无论学界怎么争论，反正他们那里是认定了"阿拉善说"的。

有意思的是，"阿拉善说"在民间流传的过程中，竟然分化出好几个版本：

其一，"五台山隐居说"将隐居故事"加塞儿"到其中，反正他云游了很多地方，多去一个五台山也未为不可。

其二，原始版本中记载他自己云游到阿拉善旗，并在那儿住下终老的。但蒙文《哲卜尊丹巴传》中，认为仓央嘉措是被蒙古方面支持他的势力接到阿拉善旗保护起来的，这就形成了"营救说"。

其三，死亡的地点，有说他死于阿拉善旗朵买地区的一座蒙古营帐，此后遗体保存在广宗寺内。但也有说他被阿拉善旗人认出，当地人每年筹银二万两，将他送回拉萨隐居，最终在藏南的一个山洞中坐化。

总体说来，"阿拉善说"疑窦重重。那么，为什么会出现"阿拉善说"呢？

简单来说，阿拉善在当时，基本属于"三不管"地区。

阿拉善现在是内蒙古自治区西部的一个盟。关于它的名称，比较普遍的观点认为来源于"贺兰山"的发音。但也有学者认为，阿拉善的发音对应的是甘州北部的龙头山（蒙古语名为阿喇克鄂拉）。

居住在阿拉善地区的蒙古人，形成了现在所说的"阿拉善蒙古"。但"阿拉善蒙古"这个名称，最早出现于乾隆时期。此前，当地居住的蒙古人并没有什么具体而明确的称呼，史籍笼统地称他们为"厄鲁特蒙古"。

在 17 世纪中后期，噶尔丹的准噶尔兴起。他四处征伐，扩张地盘，将与自己为敌的蒙古部落撵得实在没地方待。其中有两支和硕特蒙古残部打算移居青海，因为从固始汗时代起，青海就是和硕特蒙古的地盘。

当时，从天山到青海并不好走，可选择的路只有两条：一条是走边外，这条路没有充足的物资准备，是很难通行的，因为路上没有水源；另一条是借路，借的路就是大清的内地，绕半圈再去青海。

这两支和硕特蒙古人选择的就是第二条路，但走到大清甘州、凉州一带边地时，他们反而不走了，给康熙上书，请求"赐居"。1686 年，康熙给他们划定了定居点，这块地大致位置在龙头山以北、贺兰山以西、额济纳河以东、喀尔喀蒙古以南。当时，这个和硕特流亡部落最准确的称呼应该是"西套蒙古"。在雍正朝的时候，他们又迁到青海一段时间，之后又重新回来定居。到乾隆朝的时候，才正式称为"阿拉善蒙古"。

由此可见，这个地方在康熙朝末年，就是一个"流亡聚居区"。

准噶尔或者和硕特蒙古想管它，可它的地理位置在清政府的管辖下。但事实上，清政府划地的意思就是让他们自我管理。所以，这就成了一个"三不管"地区。编造出仓央嘉措在此"隐居"的故事，其实一点都不奇怪。

无论有多少种猜测，无论流传了多少故事，也无论我们希望赋予这段故事什么样的解读，仓央嘉措的最后行踪，远没有民间传说中那么动人。如果去除了其中的神话色彩和本不应该掺杂的种种情感，还历史以本来面目的话，我们应该承认：

仓央嘉措死了，1706年死于青海湖畔。

第三章
生平真相

　　如果用一句话来总结仓央嘉措的生平，似乎应该是这样：在代表农耕社会的清政府，与代表游牧社会的准噶尔决战之前，处于农奴社会的西藏只能依附于其他政治势力生存。在决战前夜，清政府希望从固始汗时代建立的蒙藏联合治藏体系不被破坏，以巩固国家西部战略防线最薄弱的一环。

　　然而，桑杰嘉措的所作所为，处处与清政府的战略设计唱反调。清政府的选择，只能是维护拉藏汗。仓央嘉措就是在这样的环境中，退出了历史舞台，他无从选择。

01. 要害在于是第巴所立

前面，我们介绍了仓央嘉措的生平和死亡，以及学者们对此的各方面意见，可谓众说纷纭、疑窦重重。其中，世人最关心的就是仓央嘉措被押赴进京前后发生的事情。

这个矛盾问题，是由以下几点构成的：

其一，拉藏汗指责仓央嘉措"耽于酒色，不守清规"，"是假达赖"，"请予废黜"。

其二，康熙皇帝要求将仓央嘉措"执送京师"。

其三，庄晶先生的评价说："他的不容于朝廷，并非是'行为不检'或'触犯清规'……要害在于是第巴所立。至于风流与否，皇帝佬儿是不太关心的。"

由此构成了整桩事件中最难解的疑团：拉藏汗诬蔑仓央嘉措风流放荡，康熙让拉藏汗将仓央嘉措送到北京，这看起来是有逻辑可循的。但庄晶先生为何又说皇帝不关心这些呢？既然不关心，那要将他押赴京师干什么呢？

有一种解释，那就是康熙怕仓央嘉措被准噶尔"请"去。

康熙也对大臣们说过，仓央嘉措虽然是假达赖，但毕竟"众蒙古皆服之"。如果准噶尔的策妄阿拉布坦将他弄去，"则事有难焉者矣"。看来，康熙是怕准噶尔方面"挟达赖以令西北"。所以，不管他风流不风流，犯错没犯错，都要将仓央嘉措押到北京看管。

也就是说，拉藏汗的诬蔑和康熙的命令之间，没有逻辑关系。

既然这样，为什么康熙还坚持仓央嘉措是"假达赖"呢？

我们再看庄晶先生的话，关键信息是："要害在于是第巴所立"。

这句话怎么理解？

难道第巴桑杰嘉措就不能寻找灵童、培养灵童吗？难道他不是格鲁派宗教集团的高级领导人吗？

如果他是格鲁派的高级领导人，他找到的灵童就没问题，因为一切程序都符合佛教仪轨和历史惯例——可是，他算不算得上格鲁派的高级领导人？

这可能是很多人忽视的问题。在人们的惯常印象中，桑杰嘉措是五世达赖喇嘛培养的。做了第巴之后，又有五世达赖喇嘛的命令，说他有全权代理权，怎么能不算格鲁派的高层呢？

我们想当然地认为，甘丹颇章政权里的人都是僧人，那么桑杰嘉措也应该是僧人。但是，他真的是吗？不知道。

至少在 1679 年的时候，桑杰嘉措还没受戒出家，当时他 25 岁。他拒绝五世达赖喇嘛让他做第巴的要求，理由之一就是想受戒。五世达赖喇嘛劝说他，永断轮回之苦也不是那么容易，求佛可以慢慢再说嘛。

这说明，做第巴的时候，桑杰嘉措还是俗人身份。他可能是个优婆塞，也就是居士，也可能从小在五世达赖喇嘛身边长大的过程中，做过沙弥。但从这段记载来看，没有受过比丘戒。

那么，做了第巴之后，他是否出家了呢？

不知道。但我们能见到的记载是，他有孩子，而且是一儿一女。

在他和拉藏汗的矛盾爆发之后，曾经有过短暂的"和平协议"。这个协议的内容，就是拉藏汗退出西藏，而桑杰嘉措交权，第巴职位让给他的儿子阿旺仁钦，此时是1704年前后。我们可以用阿旺仁钦的年龄，推算出桑杰嘉措做第巴之后是否出家。如果出家，他是不可以娶妻生子的，也就不可能有一儿一女。

可惜，我们不太确定阿旺仁钦的年龄。但从前前后后的事情来推算，桑杰嘉措很有可能不是僧人。至少，在1682年五世达赖喇嘛圆寂、1683年仓央嘉措出世的时候，他还是俗人。换句话说，他是世俗贵族身份。

一个中央政府册封的大活佛世系转世灵童，是由世俗贵族寻找并认证的，并在多年之后才公开给宗教集团和中央政府，这种情况康熙能容忍吗？

俗人确定了活佛人选，而且整个过程是打着已经去世的五世达赖喇嘛的名义，瞒过了对这件事有执行权和最终解释权的格鲁派宗教集团。如此下去，将会产生什么样的恶劣后果，康熙作为站在权力巅峰的政治家心知肚明。

由此，庄晶先生才会说："要害在于是第巴所立。"

02. 谁能逃得过历史的选择

从桑杰嘉措和拉藏汗之间的矛盾来看，其实也分不出个谁对谁错，两个人都不是善茬儿。

一个想把和硕特蒙古人从西藏撵出去，另一个希望恢复祖上固始汗时代掌权的荣光；一个说对方给自己下毒，另一个说对方不遵守和平协议。

总之，从史料来看，两个人都搞了不少阴谋诡计，都不是省油的灯，谁也别说谁正义。

但是，在康熙的眼里，却不可能各打五十大板。

康熙是什么态度呢？我们要分两方面看。

一方面，是桑杰嘉措的过失，给康熙留下了非常不好的印象。

这不好的印象，是由多个事件一点一点堆积起来的。比如，他对五世达赖喇嘛的圆寂实行了匿丧；对噶尔丹和吴三桂的反叛行为加以辩护甚至维护；另外，大概很多人没注意到的是，桑杰嘉措"骗"了朝廷一枚大印。

这个故事也发生在"匿丧"期间。康熙三十二年（1693 年），桑杰嘉措以五世达赖喇嘛的名义，给朝廷上了一份奏章，大意是说：我（五世达赖喇嘛）已经年迈，西藏的大事现在都是第巴（桑杰嘉措）在办，请皇上给第巴册封。

康熙当时不知道五世达赖喇嘛已经圆寂，就答应了"他"的请求。这一年的四月，康熙赐给桑杰嘉措一枚金印，印文为：掌瓦赤喇怛喇达赖喇嘛教弘宣佛法王布忒达阿白迪之印。

这串名号太长，但其实内容很简单，我们分解一下就明白了。

所谓"瓦赤喇怛喇达赖喇嘛"，就是五世达赖喇嘛封号的一部分。"弘宣佛法"这词不用解释，"布忒达"是梵文，意思是"佛"，是"桑杰"的音译；"阿白迪"意思是"海"，是"嘉措"的音译；合起来，"布忒达阿白迪"就是"桑杰嘉措"名字的梵语音译。

如果把这些连起来，印文的意思就是："掌管达赖喇嘛教法事务的桑杰嘉措"。

但我们别遗漏一个字——"王"。

这个"王"，不是掌管行政事务的藏王。因为顺治朝曾经给固始汗封过一个"遵行文义敏慧顾实汗"，实际上已把西藏行政事务交给了和硕特蒙古人。如果封桑杰嘉措一个藏王，显然不合适。所以，康熙封给桑杰嘉措的，是一个掌管宗教事务的王。

当康熙知道五世达赖喇嘛圆寂的消息后，应该明白自己被桑杰嘉措骗去了一枚金印。这金印虽说规定了使用范围在"掌管达赖喇嘛教法事务"，可毕竟也是权力的象征，地方老百姓怎么懂得这些？一看见朝廷的大印，再加上第巴的职位，两者合起来，就会产生权力。而这个权力，是康熙不愿意看到的。

为什么康熙不愿意看到呢？

在顺治年间，清政府对西藏地方政权是有过安排的，那就是将五世达赖喇嘛册封为"西天大善自在佛所领天下释教普通瓦赤喇怛喇达赖喇嘛"，同时将固始汗封为"遵行文义敏慧顾实汗"。一个管宗教，一个管行政，这么多年一直就是这个格局。

可桑杰嘉措"骗"了一枚金印，这就出现了朝廷册封的第三方权力，而这权力又掌握在西藏地方世俗贵族手里，这岂不是违背了顺治年间定的规矩？

骗取朝廷印信，这本身就是个大罪。从康熙知道自己被骗，到桑杰嘉措被拉藏汗杀掉，康熙一直吃着这个哑巴亏，但不代表他心里不恼火。此时，当他得知仓央嘉措与桑杰嘉措关系如此密切时，心里的天平偏向何处，已经不言而喻了。

另一方面，我们还得了解一下康熙对拉藏汗的态度。

先简单介绍一下拉藏汗的身世。

五世达赖喇嘛在世的时候，经历过三位和硕特蒙古汗王，分别是固始汗、达颜汗（1658—1668 年在位）、达赖汗（1671—1701 年在位）。1701 年，达赖汗死了，他的两个儿子丹增旺杰和拉鲁藏白因为财产和继承权起了冲突。桑杰嘉措从中调解，由西藏方面给拉藏鲁白一些财产，让他回青海去。

可是，自固始汗时代之后，青海的领地就被达颜汗的其他八个兄弟分了。拉藏鲁白回青海后，被青海的那些兄弟们排挤，又被撵了出来，只好回头重新投奔哥哥丹增旺杰。到了 1703 年，拉藏鲁白弄了些毒药把丹增旺杰毒死了，自己做了汗王，这就是拉藏汗。

在拉藏汗杀掉桑杰嘉措、诬陷仓央嘉措的时候，我们发现康熙做了一件事：他派护军都统席柱（《清圣祖实录》中为席柱，《起居注》里为"西住"，实为一人）和学士舒兰去西藏调查。不但要求将仓央嘉措押赴京城，还顺便给拉藏汗封了一个"翊法恭顺汗"。

这，就是康熙的态度。在桑杰嘉措和拉藏汗之间，康熙选择支持拉藏汗。这种态度，就将仓央嘉措彻底推到了悬崖边上。

既然选择支持拉藏汗，那么仓央嘉措的事儿就必须有个说法。

席柱和舒兰奉了康熙的旨意，要把仓央嘉措带走。

这时拉藏汗反而不干了。他的理由是：如果把仓央嘉措押送到京师，这西藏的僧人们，尤其是格鲁派的僧人们，还不都散伙了呀？这不是要让西藏宗教集团爆发一次大地震吗？

两位朝廷大员一听，也是这么个理儿。他们给康熙上了一份奏章，把这棘手的情况报告给朝廷。康熙反而没觉得棘手，他跟大臣们说：过两天拉藏汗肯定会照办的。

1706 年 5 月，一切都准备好了，蒙古军队押着仓央嘉措启程。从这一刻起，仓央嘉措就走在了人生的最后时刻。

03. 康熙：我要一个稳定的西藏

从以上分析来看，康熙的态度，是整个事件的天平。他若不信拉藏汗的鬼八卦，仓央嘉措死不了。

可我们会产生疑问，难道不能反过来选择吗？

因为桑杰嘉措以前"骗"过康熙，康熙记仇了，还是因为拉藏汗演戏演得太逼真了，把康熙忽悠了？

其实都不是。真正的原因在于，康熙不能违背顺治年间定的规矩。这个规矩就是：达赖喇嘛掌管宗教权力，而和硕特蒙古人掌管地方行政。

在这条原则之下，桑杰嘉措就是"犯官"，而拉藏汗反而可以封官。

于是，我们还要继续追问：为什么顺治年间定了这么一条规矩，康熙时代还要遵守呢？

追问下来的答案，就是仓央嘉措的生平真相。

在解答这个问题之前，我们有必要先看看当时中国西藏、青海和天山南北区域的政治局面。

17世纪中叶，以五世达赖喇嘛为代表的格鲁派集团，向卫拉特蒙古和硕特部首领固始汗求援，一举清除了妄图消灭格鲁派的三方联盟。这三方分别为噶玛噶举派的藏巴汗政权、青海的喀尔喀蒙古却图汗政权和康区的白利土司。此后，格鲁派与和硕特蒙古结成联盟，建立了甘丹颇章政权，并受到了刚刚成立的清政府的册封。但事实上，西藏的军政大权掌握在和硕特蒙古人手中，格鲁派是没有独立的政治地位的。

1654年（清顺治十一年），固始汗病故，早想清除和硕特蒙古在西藏政治影响的五世达赖喇嘛，想趁此机会分化瓦解他们。固始汗在世的时候住在西藏，青海分给了他的八个儿子。他一去世，继任者断然没有他的权威。五世达赖喇嘛敏感地抓住了这个时机，围绕着继承问题，将和硕特蒙古势力分为"西藏派"和"青海派"。简单地说，由固始汗的大儿子达颜汗继位，住在西藏，名义上统管青海。但实际上，以固始汗的五儿子博硕克图济农为代表的其他子嗣，成立了事实上的"青海派"。

达颜汗跟他父亲相比能力差太多了，所以并不怎么插手政务。建立一个不管事又没有了青海支援的"西藏派"，正是五世达赖喇嘛清除和硕特蒙古势力的第一步棋。

然而，和硕特蒙古毕竟还存在。所以，五世达赖喇嘛的第二步棋，就是与更强大的准噶尔蒙古联合，试图借助准噶尔的势力牵制和硕特蒙古势力。恰好此时，准噶尔部也在进行政权交替，五世达赖喇嘛便支持了自己的弟子噶尔丹。

噶尔丹是准噶尔贵族，但他曾在西藏出家，并且有活佛身份。噶尔丹还俗之后，迅速平定了准噶尔的敌对势力，并带领准噶尔开始了大规模的兼并战争。到了康熙年间，和硕特蒙古已无力与准噶尔部对抗，而准噶尔部的首领噶尔丹，至少在名义上和五世达赖喇嘛是一条心的。

这第二步棋，实际上培养、扶持、拉拢了一个强大的准噶尔，既震慑了"青海派"，也震慑了"西藏派"。

第三步棋，继续彻底孤立近在眼前的"西藏派"。虽然达颜汗此时不管事，但说不准以后会插手。况且，固始汗的余部怎么会甘心放弃政权？最主要的是，"西藏派"与"青海派"表面上分家，但并不意味着彻底分裂。在那个时代，蒙古各部的内讧和结盟就是家常便饭。内部矛盾在面对共同利益的时候，根本就不算矛盾。那么，与其让他们结盟，不如自己先拉拢一方，孤立另一方。所以，五世达赖喇嘛极力撮合噶尔丹的女儿嫁给了"青海派"博硕克图济农的儿子。

这样，格鲁派远有清政府做总后台，中有准噶尔部做战略威慑，近有和硕特蒙古"青海派"做基地。而达颜汗又没有他父亲固始汗的政治能力，此前掌握西藏政权的和硕特蒙古"西藏派"，已经完全被架空。

架空的标志，就是五世达赖喇嘛掌握了第巴的任命权。而桑杰嘉措又是个厉害角色，在他的领导下，格鲁派全面掌握了西藏的政教大权。

然而，桑杰嘉措对噶尔丹的倚重与支持，却助长了噶尔丹的野心。他以哲布尊丹巴不尊重达赖喇嘛为名，于1688年起兵攻打漠北的喀尔喀蒙古。此后，他不听从清政府的调停，一路打到乌兰布通，直接威胁到北京。

问题是，喀尔喀蒙古早在战争开始前就归顺了清政府。此时，噶尔丹既不尊重中央政府的调停好意，又耀武扬威地武力威胁，这还了得？深知北部边防战略要义的康熙皇帝，于1690—1697年间曾先后三次征讨噶尔丹。虽然噶尔丹最终兵败，但也只能说清政府北部边防，也就是漠北蒙古的喀尔喀部已被平定，准噶尔在西北的势力仍然存在。

联想到平定噶尔丹的前两次战争，噶尔丹第一次剩了几千人，第二次剩了几十人，就这样还打不死，准噶尔势力的顽强可见一斑。康熙皇帝不可能不防着准噶尔部东山再起。况且，他们的大本营远在伊犁，绝不是平定了喀尔喀蒙古就可以一劳永逸的。

这就是康熙皇帝时刻提防噶尔丹的侄子策妄阿拉布坦的原因。

康熙皇帝非常清楚，西北战争打的不是军事，而是钱粮。这一仗再打下去，被拖垮的只能是自己。所以，平衡西藏、青海和准噶尔各方面势力的利益关系，才是他处理仓央嘉措这步棋的根本原则。

然而，这个利益关系却不是那么好平衡的。

第一，策妄阿拉布坦的父亲叫僧格，本是准噶尔部的首领。但

因为部落内讧被杀，这才使得僧格的弟弟噶尔丹趁乱起兵夺取了准
噶尔的统治权。噶尔丹平息部落内乱后，应该拥立侄子策妄阿拉布
坦，但他却取而代之，并曾暗中迫害他。在噶尔丹被康熙皇帝打得
狼狈鼠窜时，策妄阿拉布坦跟清政府"积极配合"，趁噶尔丹败亡之
际顺利谋取了准噶尔大权。但势力做大之后，他也走了噶尔丹的老
路，开始对清政府阳奉阴违。比较典型的一个例子是，他利用清政
府对桑杰嘉措的不满，一再向朝廷参奏诋毁桑杰嘉措，企图借助清
政府的威力，扳倒西藏地方贵族势力，进而谋求自己在西藏的权力。
也就是说，此时准噶尔从西藏地方势力的战略基地变成了反对派，
不仅继续反对西藏的和硕特蒙古势力，同时伺机反对清政府。

第二，康熙得知了五世达赖喇嘛早已去世的消息后，因为欺瞒
朝廷和此前为噶尔丹开脱罪责，桑杰嘉措在西藏的地位也不稳了。
虽然康熙皇帝并未处罚他，但这使得和硕特蒙古"西藏派"看到了
东山再起的希望，其代表就是拉藏汗。他打击桑杰嘉措，就是为了
恢复固始汗当年的特权。

第三，至于和硕特蒙古"青海派"，角色极为尴尬：博硕克图济
农的儿子娶了噶尔丹的女儿，受了牵连，所以不受清政府的信任和
支持；噶尔丹在世时，准噶尔部与"青海派"关系比较好，但此时
的策妄阿拉布坦与噶尔丹早年有恩怨，所以对与噶尔丹联姻的"青
海派"也不支持；"青海派"本来就与"西藏派"闹矛盾，与强硬的
拉藏汗依然敌视；本来"青海派"的大后台是以桑杰嘉措为代表的
西藏地方贵族势力，但这个大后台又倒台了。

总的来说，准噶尔与清政府、"青海派"、"西藏派"、西藏地方

贵族势力四面为敌；"西藏派"与准噶尔、西藏地方贵族势力、"青海派"三面为敌；"青海派"在清政府、"西藏派"、准噶尔、西藏地方贵族势力四个方面都捞不着便宜；而西藏地方势力在准噶尔、"青海派"和清政府的后台都不稳，却要对付"西藏派"。

这就是当时西藏地方势力、西藏蒙古势力、青海蒙古势力、回部蒙古势力和清政府之间错综复杂的关系。可以说，它们之间纯粹是貌合神离、勾心斗角，今天互相拆台，明天就有可能合作。

那么，清政府的利益关系平衡点在哪里呢？

青海。它恰好在拉藏汗的"西藏派"和策妄阿拉布坦的准噶尔势力中间，是阻止准噶尔觊觎西藏的第一道屏障。日后如果对西北用兵，清政府也可以利用它阻止准噶尔往西藏逃窜。同时，它与西藏的拉藏汗不和，在打压桑杰嘉措后，和硕特"青海派"在西藏没有了支持，与"西藏派"形成了相持局面。

由此一来，青海不能投靠准噶尔，也不能与西藏联合，只能依附于清政府。西藏与准噶尔之间，既不能结盟，也不能被其吞并，西藏暂时是和平安全的，也只能依附于清政府。

清政府要的，就是这个局面。

这样的政治战略决断，实际上并不是康熙皇帝第一个做出的。早在1654年固始汗去世后，五世达赖喇嘛便筹划摆脱和硕特蒙古对西藏的统治。当时他就说："彼处（青海）是汉、藏、蒙三者会集的要冲之地……戴黄帽的教派（指格鲁派）之所以能同北方的施主们接近，关键在于青海地方的安宁。"正是在这一战略思想下，五世达赖喇嘛才趁和硕特蒙古内讧之机，积极插手青海事务，直接培养出了"青海派"来。

五世达赖喇嘛和康熙，这一时代中国的两位伟大的政治家，几乎在同一时间敏感地意识到青海的重要性。此时，从康熙的角度重新表述五世达赖喇嘛的话，就是"清朝之所以能同西藏接近，关键在于青海地方的安宁"。

这样的利益分配，实际上用一句话就可以概括：康熙皇帝想要一个稳定的西藏。

康熙把清帝国西部边疆藏传佛教影响到的区域，在战略上以青海为界，划分为西藏和西北两块。这两块不能联合起来，否则清帝国西线边防撑不住；而这两块也不能同时乱，因为清政府应付不了双线作战。所以，能稳定一块是一块，比较现实的，就是稳定西藏。

04. 解读清政府的治藏之道

了解了此时中国西藏—青海—西北的格局之后，我们才能明白，为什么康熙不希望破坏顺治时期定的规矩，为什么一定要力挺拉藏汗、牺牲桑杰嘉措和仓央嘉措。

总体来说，顺治时期的规矩，有三条原则：

第一，宗教、行政分治；第二，地方世俗势力行政；第三，中央政府间接治藏。

所谓宗教、行政分治，指的就是清政府对五世达赖喇嘛和固始汗的分别册封，给格鲁派高级活佛至高无上的宗教权力，封给达赖喇嘛的名号中有"领天下释教"的字样；给和硕特蒙古首领以行政权力。两者各负其责，宗教、行政两条线，各管各的。

正因为甘丹颇章政权是个蒙藏联合政权，清政府在顺治朝的策略就是：由和硕特蒙古汗王做西藏的代理人，以世俗势力进行地方治理，这就是第二条原则"地方世俗势力行政"。这样，中央政府并不直接管辖西藏事务，以委托代理人的方式，实行了第三条原则"中央政府间接治藏"。

这样的政治思路，到了桑杰嘉措和仓央嘉措时代，差一点儿被破坏了。因为它是有缺陷的，在现实中也暴露出了问题。

具体来说，就是三项原则中的第一条"宗教、行政分治"，几乎无法约束。

在前期，因为五世达赖喇嘛太强了，而固始汗的子孙又太弱了，想不让五世达赖喇嘛参与政务（或者说，控制第巴、利用宗教领袖的身份行政），还比较困难；到了后期，又反过来了。五世达赖喇嘛去世后，在康熙的判断中，桑杰嘉措是以地方世俗贵族的身份扶持了仓央嘉措，本质上是俗人干预宗教事务，行政领导插手教权。

在这段时间，"宗教、行政分治"原则根本就是理想设计，现实情况是谁强势谁说了算。仓央嘉措生活的环境，就处于这一历史背景下。即便在他去世后，这一状况也没有得到改变。拉藏汗立了益西嘉措为新的"六世达赖喇嘛"，本质上还是行政领导插手宗教事务。

那么，针对这一状况，清政府做出过政策调整吗？

答案是：调整了，而且调整了很多次，次次搞得一地鸡毛。

我们来看看仓央嘉措之后发生的事情。

1721—1728 年，清政府实行了第二种治藏制度。

这个政治制度的背景，是准噶尔奇袭西藏，杀掉了拉藏汗，清政府派兵平乱，史称"驱准保藏战争"。战争结束后，因为和硕特蒙古汗王被杀，从固始汗时代延续下来的汗王体制中断。此时已经到了雍正朝，中央政府进行了政策调整，不再用和硕特蒙古汗王做代理人，而是选出了几位西藏地方世俗贵族，组成了一个领导小组，形成了一种类似委员会制度的治理机构。他们的职务都叫"噶伦"，我们姑且称之为"噶伦班子制度"。

这个制度看起来是雍正的创新，但实际上，它是延续康熙的治藏政策。噶伦班子制度的本质，还是建立以"地方世俗势力行政""中央政府间接治藏"的政治体系。

但是，西藏内部的权力斗争并没有停歇。前期是西藏世俗贵族、宗教高层与和硕特蒙古势力之间的矛盾。在和硕特蒙古势力消亡后，立马演变成两股矛盾：一是地方世俗贵族之间，在进行争斗；二是地方世俗贵族与宗教高层之间，也在明争暗斗。清政府实行的噶伦班子制度本想多封众建、互相牵制，没想到根本行不通。终于，各种矛盾发酵成了"卫藏战争"。

"卫藏战争"是西藏的一场内讧事变。简单地说，就是几位噶伦打了起来。这些人都是西藏本地的贵族，手里有实权，又都想当老大、说了算，所以先是背地搞鬼、阴谋暗杀，后来不可调和，最终演变为两派的军事战争，纯粹是世俗贵族势力之间的窝里斗。

那么，作为宗教集团的格鲁派，会坐视不管吗？

不是不管，而是根本管不了。这时候是七世达赖喇嘛在位，他出生于 1708 年，卫藏战争爆发时才 19 岁，很多事都是他父亲做主。可他父亲与参与"卫藏战争"的个别噶伦是亲戚，他不拉偏架就算不错了。

由此，我们对照"三项原则"可以看出，"噶伦班子制度"也是有缺陷的。"地方世俗势力行政"原则被搞了个乱七八糟，他们不但没有好好行政，反而争权夺利。"宗教、行政分治"原则给弄了个一地鸡毛，因为宗教领袖的父亲直接参与行政。好歹"中央政府间接治藏"的原则可以满足，可西藏总这么乱的话，中央政府更操心，根本谈不上什么"间接治藏"。

"卫藏战争"之后，雍正又及时调整政策，实行了第三个制度，我们姑且称为"总理噶伦制度"，时间为 1728—1739 年。

这一制度，表面上看是噶伦班子制度的升级。但从历史发展来看，它应该算是一个新的思路。

这个新思路体现在三个方面：

一、清政府开始向西藏派驻官员，这是驻藏大臣制度的雏形。

二、七世达赖喇嘛的父亲凭借其特殊身份，干涉政务，搞得政教不分，所以清政府把七世达赖喇嘛迁到内地，为"地方世俗势力行政"的正常运作铺平了道路。

三、清政府希望集中事权，建立单一的总理藏务的机构，选择了对皇帝忠心而且有才能的颇罗鼐担任总理藏务的噶伦，他手下的噶伦让他自己任命，最大化地给他人事权。

可对照"三项原则"，"总理噶伦制度"还是有缺陷，因为"中央政府间接治藏"的原则走了回头路。

顺治、康熙年间，清政府封个汗王就完事了。西藏怎么管理，汗王说了算，中央站在后台撑腰；到了拉藏汗时代，朝廷就开始为他操心了，拉藏汗惹的事儿都得康熙出面为他摆平；到了"噶伦班子"阶段，朝廷别说"间接治藏"，就差派督抚直管了；好歹"总理噶伦"时代的颇罗鼐能力算强的，把西藏治理得井井有条，如果换个窝囊的，陕甘和四川的督抚全得围着西藏转，不但"间接治藏"不可能，还会扰得西南西北好几个省不得消停——间接治藏，变成了直接操心。

可以说，上述三种制度与"三项原则"之间的关系，在实行过程中，总有这样那样合不上牙的时候。

到了乾隆朝，他实行了第四种治藏制度：郡王制度，时间为1739—1750年。

郡王就是此前的"总理噶伦"颇罗鼐。他的个人能力很强，政绩非常不错，藏族人民对他的历史评价很高，这段时间被称为"颇罗鼐治藏"。在这十年中，七世达赖喇嘛不再参与政务，而是以宗教身份为西藏社会服务。行政事务由颇罗鼐和他培养的一批官员操办，做到了"宗教、行政分治""地方世俗势力行政"。因为颇罗鼐才干突出，而且大事小情都积极向朝廷请示汇报，中央政府称得上既放心又安心，真正做到了"中央政府间接治藏"。

在这十年中，我们可以"大致"认为，乾隆实现了顺治朝制定的治藏"三项原则"。

为什么说是"大致"呢？因为郡王制度也有问题。

郡王制度依靠的是郡王本人的素质，如果郡王本人素质不高，让他治理西藏岂不是个大问题？不幸的是，这种事在珠尔默特那木扎勒当郡王的时候，真就发生了。

珠尔默特那木札勒是颇罗鼐的儿子。颇罗鼐死后，他继任了郡王。这个人的行事作风像极了拉藏汗，胡作非为，迫害异己，最终被驻藏大臣诱杀。

"郡王制度"过于依赖个人品质，是不可能再继续了。

于是，清政府实行了第五种制度：政教合一制度，时间为1751—1793 年。

解决了珠尔默特那木札勒事件后，清政府派往西藏的官员们，与七世达赖喇嘛商议出一份叫作《西藏善后章程十三条》的文件。这份文件的核心原则是"达赖喇嘛主持，大臣有所操纵，噶伦不致擅权"。根据这个原则，章程决定，以后西藏的大事都由达赖喇嘛和驻藏大臣协商决定；而一般的事务性小事，由改革后的行政班子负责。这个行政班子由三俗一僧组成，后世称为噶厦政府。

在实行这个制度期间，七世达赖喇嘛圆寂了。清政府的解决方案是，实行摄政制度。简单地说，就是在其他大活佛中选择能力不错的人，代替达赖喇嘛行使权力。新的达赖喇嘛长大之后，再由达赖喇嘛"亲政"。也就是说，清政府此时的解决方案，并不是再给地方世俗贵族权力，而是让僧人继续站在前台。

这个制度的本质，就是修正了此前坚持的"三项原则"。

其一，达赖喇嘛（以及僧人出任的摄政）主持政教事务，"宗教、行政分治"的原则被消解了。

其二，朝廷派驻藏大臣，削弱甚至消除了地方世俗势力的行政权，噶厦政府只能干些小事。

关键是第三点，中央政府派驻藏大臣，这在一定程度上修正了之前"中央政府间接治藏"的原则。

"政教合一制度"实行四十年后，又出现了问题，那就是驻藏大臣玩忽职守，西藏地方的宗教势力与世俗贵族势力重新抬头。比如活佛转世中出现了种种舞弊，很多大活佛都出自贵族家庭，而贵族子弟可以接班，小小年龄就做了大官，真正有才干的人反而上不去。种种弊政结合在一起，最终以六世班禅的去世为导火索，演变成了一场战争，史称"廓尔喀战争"。

廓尔喀就是今天的尼泊尔。这场战争的起因，实际上是货币问题。当时西藏用的钱是白银，但与印度、尼泊尔等地通商时，需要兑换对方使用的银币。很长一段时间以来，西藏都是用银锭去兑换尼泊尔的银币，类似于我们现代金融里的"代铸币"。但是，双方的兑换比例是很成问题的，造成了西藏的白银大量外流。西藏和廓尔喀曾经试图解决这一问题，但越谈越僵，造成了矛盾。

恰好在这个时候，六世班禅圆寂。他的同父异母兄弟、噶玛噶举红帽系第十世活佛却珠嘉措想要分得一份遗产，被拒绝后心生不满，勾结廓尔喀人洗劫了扎什伦布寺。在这场战争中，驻藏大臣玩忽职守、欺上瞒下、谎报军情、蒙骗朝廷、出卖西藏地方利益，正经事儿几乎一件都没做，糊涂荒唐的事却层出不穷。

这让中央政府十分震惊，西藏的政务怎么会出现这么多严重的问题？乾隆派福康安率兵攻入廓尔喀之后，要求以他为主，参与西藏地方政府的改革，改革成果就是历史上著名的《钦定藏内善后章程二十九条》。学术界认为，《章程二十九条》虽然脱胎于乾隆时期中央政府对治理西藏的经验总结，但却不仅仅是一份战后总结，更是一部法典。它的基本内容和原则精神，指导了清中期以后长达二百多年的治藏工作。

《章程二十九条》最核心的改革措施，就是提高驻藏大臣的地位。清政府将以往西藏地方政府的人事任免权、地方政务决策权，统统收归中央。大部分一般性的权力，都掌握在驻藏大臣的手里；个别极为重要的权力，由皇帝亲自掌握。

《章程二十九条》的第十条这样表述：

驻藏大臣督办藏内事务，应与达赖喇嘛、班禅额尔德尼平等，共同协商处理政事。所有噶伦以下的首脑及办事人员以至活佛，皆是隶属关系，无论大小都得服从驻藏大臣。

有学者这样总结：（这）标志着驻藏大臣权力的根本改变，由以前的观察、监督、向皇帝报告情况的身份，转变为直接管理和领导西藏事务的决策性人物。西藏地方的一切权力，集于驻藏大臣一身……它标志着中央政府开始对西藏地方真正行使主权和直接管辖权，也意味着顺治年间开始实行的"中央政府间接治藏"原则，已经被完全改写了。

这就是清政府实行的第六种治藏制度：驻藏大臣制度。它一直实行到清政府退出历史舞台。也就是说，这个制度是清代治藏制度的最终定型。

那么，更深层次的问题出现了：为什么清朝政府治藏，以前要坚持那"三项原则"，而乾隆时期又为什么可以修正并最终取消"三项原则"呢？

这个问题的答案，就是解读清前期西藏历史的一把钥匙。

05. 在权力的旋涡中，他成了飘零的稻草

所有的一切，都由一条看不见的线索牵着。

这条线索，由很多时间点串成了一条线。

现在，我们只看最后的三个：1739 年、1746 年、1757 年。

这三个时间点上，发生了什么？

1739 年，准噶尔方面，清政府经过五年扯皮式的谈判，和准噶尔划定了游牧界限；西藏方面，乾隆封颇罗鼐为郡王。

1746 年，准噶尔方面，策妄阿拉布坦之后的准噶尔领导人噶尔丹策零在前一年去世；西藏方面，乾隆允许西藏郡王世袭。

1757 年，准噶尔方面，准噶尔最后一代领导人阿睦尔撒纳病亡，准噶尔灭亡；西藏方面，七世达赖喇嘛格桑嘉措圆寂，清政府实行摄政制。

顺着这个思路，我们还可以从 1642 年开始，找出若干个类似的时间点，将准噶尔局势的变动与清政府治藏制度的微调并列、对比着看。有些事情，是有很明显的连带关系的。比如，1721 年"驱准保藏"之后，立即实行了噶伦制度。但有些并不是那么容易总结出来的，我们就不在此一一列举了。

那么，这些事情背后隐藏的逻辑是什么？

噶尔丹策零去世之前，乾隆在 1739—1746 年间实行并加强了郡王制度。阿睦尔撒纳去世之后，乾隆就打算推翻"三项原则"，改变治藏制度。这个现象说明，"三项原则"以及由它带动的治藏制度调整，和准噶尔关系密切。甚至，准噶尔的一个大人物死了，都会像地震一样波及西藏地方政策——这就是线索，但线索并不是答案。我们要找的终极答案是——国家的治藏制度变化，为什么要看准噶尔的局势？或者说，准噶尔怎么就会把西藏拖下水？

答案在一份朱批里。

这份朱批，是雍正五年十一月十一日，雍正在云南总督鄂尔泰的一份奏折上写的批语：

凡天下事不可预料，只可随时相机办理耳。西藏、准噶尔之事，比不得安南、俄罗斯海外诸国，四十八旗、西海、喀尔喀等众蒙古人心系焉，虽在数千里之外，而实为肘腋之患。准噶尔事一日不靖，西藏事一日不妥，西藏料理不能妥协，众蒙古心怀疑贰。此二处实为国家隐忧，社稷生民休戚系焉。所以圣祖明见事之始末利害，立意灭取准噶尔。安定西藏者，圣知灼见，不得已必应举者也。

总言，此一部落（指准噶尔），所关甚巨。若言不能取，因循时日，再令伊从容将伊后面一带敌国哈斯哈克、图儿虎尔诸国渐次收服，再添羽翼，若一向我，恐众蒙古情形未必能如今日矣，急当早图者。

雍正的这段朱批，其实就是说了四句话：

一、我们要打准噶尔，这是国策；二、不打准噶尔，其他蒙古人不服，凭啥大清管理我们，但拿准噶尔没招儿，允许他们独立呢？如果众蒙古都这样想，一个个造起反来，清政府要面对西北到正北相当长的一道国家防线；三、打准噶尔要趁早，越晚越麻烦。

在这份朱批之后，雍正欣喜地告诉鄂尔泰："待休养士卒、训练精锐、钱粮充裕时，务此大举也。朕元年户部只存一千七百余万钱粮，近五年冬至五千万矣。"

前面说了三句话，都好理解。还有第四句：要打准噶尔，必须先让西藏安定下来。

为什么清政府一定要一个稳定的西藏？

这个问题，可以有多种解释。

从宗教信仰习惯上来看，蒙古人都信藏传佛教。如果西藏不稳定，准噶尔可以把达赖喇嘛抢走，号令其他蒙古；或者，他们也可以入侵西藏，挟制达赖喇嘛。所以，中央政府不希望西藏乱套。

从军事上来看，如果清政府对准噶尔用兵，准噶尔人兴许会流窜进西藏。那样的话，不但不好抓人，而且清政府还会投鼠忌器。

诸如此类的解释，有很多。

但我选择陈志刚先生的一段文字，作为对这个问题的解答：

鉴于准部与和硕特青海蒙古的潜在威胁，清朝必须沿内蒙古—陕西、甘肃—青海—西藏一线构建起一个强大的、有相当战略纵深的军事防御体系，这既是防护清朝西北各省以及西藏军事安全的需要，也是清朝下一步消除割据、统一西北边疆的重要基础。在这个防御体中，西藏占有重要地位，它与准部、和硕特青海蒙古壤地相接，交界地区绵延至数千里，是陕西、甘肃两省清军的侧翼，又是四川、云南两省的天然屏障。多年来准部觊觎西藏之心不死，除了西藏自身的宗教、土地、人民等资源吸引，也与此战略价值密切相关。相对清朝直接控制下的陕、甘等沿边各省，西藏属于协防阵线，受到的威胁却最大，而其防御力量却又最为薄弱、亟待加强。西藏经济落后、土地贫瘠，不适合大批清军长期驻扎，清朝因此迫切希望卫藏地方能够承担一部分对准部与和硕特部的警戒和防守任务。

这段文字，解释了很多问题。

首先，清政府必须淡化达赖喇嘛在行政事务上的影响力。在五世达赖喇嘛时代的后期（固始汗死后），宗教领袖实际上掌控了西藏地方的行政权，甚至还可以影响到蒙古地区。但问题是，五世达赖喇嘛太特殊，他有权有能力，并不意味着后世达赖喇嘛同样有本事。

更重要的是，达赖喇嘛是宗教领袖，地位确实高，影响确实大，但宗教影响不等于实力。说白了，他不能自保——如果真有战争，达赖喇嘛有行政权还不如没有。否则，无论是被迫还是被利用，他手里的行政权会把整个西北西南都搞乱套。

既要防止权力滥用，也要防止权力被绑架，办法是分权。

分给谁？只能分给有保卫西藏能力的那个势力。

因此，清前期治藏的"三项原则"中，第一条一定是"宗教、行政分治"。

其次，正是西藏这条"协防阵线"最不堪一击，而清军又没有办法大规模在此长期驻军，所以，清政府必须依靠和扶持当地的世俗贵族势力。这些世俗贵族掌握着西藏大部分的社会财产，而且对西藏当地的情况最熟悉。很多家族又长年担任地方头目，管理水平有多高当然指不上，但不利用他们却更不现实。

前期的固始汗到拉藏汗，后期的噶伦班子成员，都属于当地世俗贵族势力。有和硕特蒙古人，也有西藏本地人。他们的确是有各种各样的毛病，但是必须利用他们，否则他们就会成为破坏秩序的人。"地方世俗势力行政"这条原则，是清前期治藏的无奈选择。

这就是桑杰嘉措和拉藏汗爆发矛盾之后，康熙力挺拉藏汗的根本原因。不支持拉藏汗，和硕特蒙古"青海派"和准噶尔方面都会利用这个时机，打着各种旗号骚扰西藏。不能自保的西藏不一定落在谁的手里，但一定会让清政府的西部防线吃紧。

那么就产生了一个问题：既然西藏这么重要，为什么不实行督抚制度？虽然在固始汗时代不好搞，可拉藏汗死后，可以来个大改革、大手术嘛，为什么还要坚持第三条原则"中央政府间接治藏"呢？

不是不想搞，而是搞不成。

问题出在青海。

青海和硕特蒙古势力，当时掌握着一个新找到的灵童，他就是后来的七世达赖喇嘛。

在七世达赖喇嘛没有进入拉萨、没有得到保护之前，清政府必须和青海和硕特蒙古势力维持盟友关系，要靠他们帮着清政府出兵驱准保藏，顺便把七世达赖喇嘛送回拉萨。

如果当时在西藏搞督抚制度，最糟糕的结果就是清政府得到了一个没有达赖喇嘛的西藏，并为之投入大量的财力物力。同时，内蒙古—陕甘—青海—西藏这条战略防线，也面临着解体的可能。

我们再仔细看一下这条防线，西藏固然是最薄弱的，但真正要命的却是青海。它虽然不像西藏那么不堪一击，但却不稳定。就像化学中的某些元素，本身能量非常足，脾气非常大，可它还总活跃，动不动和谁结合一下子，一结合就爆炸。

青海要是老实，防线就能连成线；青海不老实，防线就缺个口子。正因为青海强而西藏弱，青海和硕特蒙古势力要是闹起来，就会把西藏吞并，陕甘的侧翼就完全暴露在和硕特蒙古的刀锋之下。

准噶尔已经是心腹大患了，如果再添上一个青海和硕特蒙古直接插进防线当中，清政府是根本没法防备的。

在这种情况下，清政府唯一的选择，就是先解决青海，将防线上最不稳定的一环安定下来——雍正在平定罗卜藏丹津的叛乱后，对青海实行佐领制度，并调整了青海、四川、云南边界。

解决完青海和硕特蒙古，接下来的任务，就是解决准噶尔。

但解决它太难了，必须等待机会。

第一个机会，其实雍正等到了。1727 年，清政府得到准确消息：策妄阿拉布坦死了。

正巧当时西藏闹出了"卫藏战争"，借着平息事端的机会，雍正实行了"总理噶伦制度"。

在"总理噶伦制度"下，事权集中在颇罗鼐手里，朝廷派出大臣协助处理西藏事务，七世达赖喇嘛被迁往内地。如果将它与准噶尔的局势变化（策妄阿拉布坦的死）对照看，其中的深意并不仅仅是改革西藏地方制度那么简单，背后的潜台词就是：雍正准备解决准噶尔。

然而这次机会，雍正虽然等到了，却没利用好。

清政府计划 1730 年兵分两路平定准噶尔，但没想到这一仗打败了。1731 年，傅尔丹中了准噶尔的圈套，全军覆没。之后的 1732年，准噶尔军"乘胜追击"，竟然大摇大摆地杀入喀尔喀蒙古抢劫了一圈，在清军大营的眼皮子底下全身而退。

这场战争是噶尔丹策零去世之前，准噶尔和清政府之间最大的一次冲突。这一战之后，清政府明白，平定准噶尔的时机还不到。而准噶尔方面，正在抵抗沙俄的紧逼，也不想继续打下去。于是，1733 年，准噶尔派人和清政府"谈判"议定游牧边界，清政府也只好暂缓军事行动，等待下一次机会。

从 1733—1739 年，清政府与准噶尔所谓的"谈判"，其实就是在扯皮，目的只有一个：积蓄力量，等待时机。当然，这段时间正好也是雍正和乾隆交接班的时期。客观地说，清政府也没有足够的精力去打仗。所以，这几年里清政府与准噶尔相安无事。

但所谓的相安无事，是需要一个前提的：西藏不能乱。它有一点异动，整个战略就宣告失败。由此，进一步强化"三项原则"是乾隆的必然选择——这才是颇罗鼐在 1739 年封郡王、1746 年噶尔丹策零去世后马上宣布郡王世袭的政治动因。

其实，不光是西藏，相关的省份在这个时间段都有过政策的调整。我们看一个青海的实例：1736 年，清政府将阿拉善和硕特旗的民众迁往青海；1745 年，清政府又让原阿拉善和硕特旗的民众迁回阿拉善。在民间传说版本的仓央嘉措传记中，他也跟着来来回回迁居——这些事情的背景，实际上都与准噶尔的局势变动有关系。

与准噶尔的决战机会，最终让乾隆等到了。1745 年噶尔丹策零去世后，准噶尔内讧，各个部落之间打了个一团糟，准噶尔的实力迅速下降。乾隆借机出兵，终于完成了父祖三代的心愿。

平定了准噶尔，西藏的战略协防任务便已经完成。那么，我们反过来问，此时还需要坚持那"三项原则"吗？

从这个意义上来说，就算珠尔默特那木扎勒没"造反"，郡王世袭制也注定是短命的，它本就是个权宜之计。准噶尔灭亡后，郡王制度之前的所有制度都没有了保留的理由。

由此，乾隆在清除掉西北的国家安全隐患之后，立马就修正甚至取消了"三项原则"，实行了清政府真正想实行的驻藏大臣制度——尊重西藏习俗和传统基础上的直接管理。

06. 仓央嘉措的个人命运，就是这个时代的主题

从 1642 年五世达赖喇嘛与和硕特蒙古贵族固始汗联合建立甘丹颇章政权，到 1793 年清政府颁布《钦定藏内善后章程二十九条》，清政府在对西藏的治理政策上，从"和硕特蒙古汗王制度"到"驻藏大臣制度"，经历了六次调整。每一次调整，都是以解决准噶尔为目标，以保证西藏和平稳定为目的。

我们习惯于同情仓央嘉措的个人命运，或者习惯于将他的命运放置在当时西藏的社会环境下，即和硕特蒙古势力与西藏本地世俗贵族势力的争斗中，由此得出结论：仓央嘉措就是地方利益争夺的

牺牲品。

可是，当我们将视野放宽，将时间坐标划定为 1642—1793 年，空间坐标放大到当时中国的西部时，我们会发现：仓央嘉措的个人命运，实际上就是这个时代的主题。

漫长的 1642—1793 年，我们对这一个半世纪的历史怎么看呢？或者说，它的时代主题是什么呢？

参与到这个时代中国西北局势的，是分别代表了三种社会形态的三方力量：代表游牧社会的准噶尔，代表农奴社会的西藏，代表农耕社会的清王朝。

处在农奴社会的西藏，角色最为尴尬。

西藏土地贫瘠、物产短缺、制度落后，可谓经济不能自足、军事不能自保。从元代之后，它就必须依附其他政治实体生存。生存的办法是西藏提供宗教信仰，而对方充任施主，提供经济、社会秩序和军事保障。

在满族入关之后，西藏突然发现，它有可能面对两个大施主：清王朝和蒙古人。西藏曾经想把它们都当作施主的。

但历史有只看不见的手，安排着人类社会的文明进程，它的名字叫历史规律。

历史规律告诉西藏，你只能选择一个，而且你选择的不是施主，而是国家。

代表农耕社会的清王朝，既有传统的"大一统"的"天下观"，也有了初步的现代国家观念，正处于传统政治思想架构的"天下国家"向"民族国家"的转型期，它的要求非常明确：领土和主权。

而代表游牧社会的准噶尔，从来没有现代文明的概念，能放牧的地方就是它的地盘。17世纪的游牧民族的政治思想和社会制度并没有跟上时代，他们是在新的游牧地建立老的秩序，即世袭游牧封地制度。

没有跟上时代的游牧社会，注定要被淘汰。在中国进入18世纪时，游牧社会准噶尔的生存空间已经非常狭小。在欧亚草原的东西两侧，各有一个强大的、强调领土意识的专制帝国，分别是大清和俄罗斯。

在1642—1793年的这一个半世纪，时代的主题，就是两个文明在欧亚大陆的决战。

这是社会大分工的选择。决定胜负的，就是历史规律——作为游牧经济基础的内陆贸易，必然要被成本更低的海洋贸易所淘汰；而游牧社会的陈旧社会秩序，一定要给新兴的民族国家意识让路。

仓央嘉措，就是生活在这个时代主题中渺小的一个人。如果用一句话来总结他的生平，似乎应该是这样：在代表农耕社会的清政府，与代表游牧社会的准噶尔决战之前，处于农奴社会的西藏只能依附于其他政治势力生存。在决战前夜，清政府希望从固始汗时代建立的蒙藏联合治藏体系不被破坏，以此换取西藏自保的可能性，巩固国家西部战略防线最薄弱的一环。

然而，桑杰嘉措的所作所为，处处与清政府的战略设计唱反调。他不但有联合准噶尔的可能，还走在破坏蒙藏联合体系的危险边缘。清政府的选择，只能是维护拉藏汗，无论他是对是错。因为只有拉藏汗代表的和硕特蒙古势力，才是保证西藏军事安全的最强力量。

仓央嘉措就是在这样的环境中，退出了历史舞台，他无从选择。

是的，每个人都无从选择。因为，个人是渺小的，没有人知道自己生活的时代，时代主题是什么。这个时代主题，一定是由历史来书写，个人往往无法预知，也不能改写。在这一个半世纪中，西藏登上历史舞台的有五世到八世达赖喇嘛、四世到七世班禅，而清政府历经了顺治到乾隆四位皇帝。没有哪个人是时代的主角，皇帝不是，活佛不是，仓央嘉措当然也不是。

每个人，都没有那么完美。但是，他们都很伟大。

在每个人登上历史舞台的时候，他们做了自己该做的事，为这一个半世纪的时代主题书写着自己的篇章。

所以，他们都是主角，自己人生的主角。

这样的人有很多。如果非要从现实中找出一个例子，我愿意讲述下面这则故事：

1992 年巴塞罗那奥运会 400 米半决赛的赛场上，第五道站立的是 30 岁的德雷克·雷蒙德，这位英国该项纪录保持者、一年前世锦赛的冠军、两轮预赛均获小组赛第一名的老将，在四年前的汉城奥运会 400 米比赛前两分钟，因伤退出了比赛。此时，他的父亲坐在看台上，为雷蒙德最后一次争夺奥运奖牌的机会而祈祷。

在这四年中，为了站在巴塞罗那赛场上，雷蒙德进行了四次跟腱手术。甚至有人说，这四年里，他在训练场上的时间都不如在医院里多，而他也仅仅是在赛前四个月才重返赛场。

发令枪响后不到十七秒，雷蒙德可怜的右腿跟腱又一次撕裂。在其他选手已经冲过终点的时候，他还半跪在赛道上，以手掩面。

此处，距离终点 175 米，距离他的梦想，八年。

他的父亲冲下看台，将他扶起。雷蒙德痛哭失声，但他拒绝了担架，而是扶着父亲，继续走在第五跑道上——是的，有些事情，他必须完成。

人生的征途上，在命运的十字路口，我们永远不知道下一步将要发生什么。但是，我们可以选择，选择就此放弃，还是忍痛前行。

在走过最后一个弯道后，雷蒙德挣脱了父亲的搀扶，他跛着一条伤腿，半走半跳着，完成了他的赛程。

此时，赛场内的全体观众，集体起立鼓掌；此时，全世界的六十亿人，铭记了这奥运史上最感人的 2 分 41 秒——

每个人生都是不完整的，但每个人生都可以诠释尊严和信念。

接受人生中的种种不完美，接受自己的，也接受别人的，包括仓央嘉措的。

一个人在雪中弹琴，
另一个人在雪中知音
——以艺术的名义，
把诗歌还给民间

01. 情歌之名与道歌之实

在曾缄译本发表的同时，他还创作了一首《布达拉宫辞》和一篇《六世达赖仓央嘉措略传》。其中说："仓央嘉措既长，仪容玮异，神采秀发，赋性通脱，虽履僧王之位不事戒持，雅好狎邪，钟情少艾，后宫秘苑，时具幽欢，又易服微行，猎艳于拉萨城内。"由此，曾缄先生对仓央嘉措的诗歌是如下评价："所言多男女之私""故仓央嘉措者，盖佛教之罪人，词坛之功臣，卫道者之所疾首，而言情者之所归命也"。

这就是早期仓央嘉措诗歌汉译者对仓央嘉措的基本评价。他们认为其有佛之名，却无佛之实，是个不折不扣的披着僧衣的风流浪子。虽然大部分译者都肯定其诗歌的文学价值，但这种"肯定"是在"佛教之罪人"的前提下产生的。如此，便很难体会到仓央嘉措诗歌中对宗教、对当时的生活环境的理解和感悟。

如果仅仅从字面理解，仓央嘉措的诗歌中多次出现"少女"的字眼，很容易让译者理解为"情诗"，也很容易让读者读出"情欲"

的味道来。但是，这种理解多半是抛开了仓央嘉措的真实历史形象。事实上，如果仔细考量他的身份与所处环境，诗作却是能读出别的味道来的。

西藏作家、藏族文学翻译家萧蒂岩先生在其《仓央嘉措及其情歌研究》中以"东山诗"为例，说明了他的解读方法。这首诗的通行翻译版本如下：

> 从那东山顶上，升起皎洁月亮。
> 未生娘的脸庞，浮现到了心房。

萧蒂岩先生指出：

"未生娘"是该诗的诗眼，可作两种解释：一是姑娘，一是未出生的阿妈。我以为，作者着意在于后者，暗指一个既不争权夺利、又不尔虞我诈，真正幸福、安康，像皎洁、圆满月亮那样的"西天乐土"。这才符合一个刚登上西藏"政教合一"领袖宝座不久的达赖喇嘛所梦寐以求的愿望。仓央嘉措对桑杰嘉措和蒙古汗王（包括达赖汗和拉藏汗）之间的权力角逐是不满的，但没有正面抨击，而只含蓄地表达了理想（这种理想自释迦牟尼以来实践证明不可能实现）。这"未生娘"一词，可能是他杜撰的，但用得非常巧妙，尤其与月亮相提并论，喻其有圆有缺，有明有晦，更加妙趣横生，耐人寻味。该诗被置于卷首，富有象征意义，理解透了，下面的就会迎刃而解。

"东山诗"在于道泉译本中列为第一首，后世大多译作都依于译本顺序，因此，通行本中它为首篇。萧蒂岩先生在此认为，对首篇的理解十分重要。只有正确解读"东山诗"，才能理解仓央嘉措诗歌的原笔原意。

当然，萧蒂岩先生这样的解读，思路是否严谨、所据所言是否准确，则是另外的事了。比如，没有充分证据证明这首诗是仓央嘉措坐床后不久写的。不过，萧先生的这种思考角度是有价值的，它突破了20世纪初期对仓央嘉措的认识局限，将诗作置于他的生活环境、真实身份、心理情感状态等多重因素下考虑，是当代史学和文学应持有的公允态度。

事实上，也有专家指出，仓央嘉措的诗歌实际上是在用文学的手法书写宗教内容。有的是在歌颂佛教的美好，有的是在劝导世人，有的则是在记录自己的修行心得。他的诗歌从密宗角度出发，全能做出宗教上的解释。

值得注意的是，《仓央嘉措情歌》原文的题目是"仓央嘉措古鲁"，而并非"仓央嘉措杂鲁"。在藏语里，"杂鲁"是有规范的，"杂"是名副其实的"情"；而"古鲁"的含义是"道歌"。也就是说，我们所说的"仓央嘉措情歌"，在作者的原意中，或许是有劝诫意义的宗教道歌。

总之，如果抛开了仓央嘉措真实的历史身份，对他的诗歌的理解就会产生偏差。读者会理解为"情诗"，而翻译者也会以"情诗"的内容、笔法和基调来遣词成文。

在仓央嘉措研究越来越深入的今天，确实有必要以其宗教领袖的身份、从其身处政治旋涡的生活处境等方面着眼，重新翻译仓央嘉措的诗作，使其既符合诗人的自身形象，又体现诗作应有的文学价值；既还原其诗的质朴风味，又有现代诗作的新意；既纠正以往译者造成的"情歌"误读，又展现出"道歌"的本来面目。

02. 尊重藏族文学传统，还原仓央嘉措诗歌的民间风味

对于藏族文学，尤其是诗歌创作的把握，译者有必要参考一本名为《诗镜》的著作。事实上，这本书也是仓央嘉措在很小的时候就学习过的，因为它是《大藏经·丹珠尔》中"声明部"的重要组成部分。仓央嘉措对诗歌创作的爱好与实践，很可能都源于这本书。

至于它在藏族文学方面的价值，可以说，这就是藏族诗学体系的根，是奠定藏族诗歌创作技法与风格的源头。

藏族的《诗镜》共有 656 首诗，绝大多数为七字一句，共占 623 首。其余的诗中六字句 1 首，九字句 12 首，十一字句 18 首，十三字句 1 首，十五字句 1 首。

全书共分三章：

第一章有 105 首，主要论述著作的重要意义，懂诗学的必要性，诗的形体、语言分类和诗的和谐、显豁、同一、典雅、柔和、易于理解、高尚、壮丽、美好、比拟等"十德"。

第二章有 364 首，分别讲了 35 种修辞方面的概念以及它们的 205 个小类。

第三章有 187 首，讲述了字音修饰（包括叠字、回文和同韵等难作体）、16 种隐语修饰和诗的"十病"。

《诗镜》的理论体系产生后，在藏族的很大一部分文人中兴起了新的文学思潮和文风。此前，藏族诗歌领域流行的是"道歌体"和"格言体"；受《诗镜》的文艺理论影响，此后形成了"年阿体"。这种诗歌讲究修辞、喜用辞藻，比较注重形式，有点类似于汉文化的"文人诗"。

比如，宗喀巴大师有一首"年阿体"的《萨班赞》：

到达知识大海之彼岸，
为经论宝洲地之总管，
美誉远扬传入众人耳，
萨班大师，受稀有颂赞。

睿智明察诸事物本性，
慈祥赐予格言宴众生，
佳行专修佛祖所喜业，
讳称尊名我向你致敬。

你的智慧纯无垢，
学识无边极渊厚，
如同光辉烁神路，
透照我迷惘心灵，
袒露无遗我惊奇。

极广佛智似文殊菩萨，

极白雪山之域众生的，

极美项珠辉照普天下，

极力消除阴霾，萨迦巴。

举世无双的佛王护法。

遍知一切的文殊菩萨，

精通五明的火班智达，

雪域唯一怙主，萨迦巴。

不分昼夜向你顶礼拜，

你的"相好"世代放异彩，

愿睹尊身常转圣法轮，

愿闻教语不断入耳来。

　　此诗的藏文原本，共六个诗段，除第三个诗段是五句、每句七音节外，其余各段都是四句、每句九音节。

　　这首诗能体现出一些"年阿体"的特点：比如，诗中的"知识大海""经论宝洲""格言美宴"等，都是运用了《诗镜》中所说的"省略形象修饰"手法，把"知识"形象化为"大海"、"经论"形象化为"宝洲"、"格言"形象化为"美宴"，在它们之间各省略掉一个属格"的"字。另外，诗的第四个诗段的四句，运用了句首一字重叠式。

这些修饰、音律等方面的手法，都是受到了《诗镜》的影响。

到了五世达赖喇嘛时期，"年阿体"已经发展得比较成熟。在发展并完善《诗镜》理论体系的学者中，有很大一部分是佛教人士。甚至很多《诗镜》的注疏，都是由佛学深厚的高僧完成的。

比如，在五世达赖喇嘛的《诗镜释难·妙音欢歌》中，有一首赞美妙音天女的诗。这首诗每句是九个音节，一共四句：

> 身在洁白水生之蕊心，
>
> 梵天女儿妩媚夺人魂，
>
> 弹奏多弦吉祥曲悠扬，
>
> 向您致敬如意心头春。

其中，第一句中的"水生"是"荷花"的异名，第二句中的"梵天女儿"即"妙音天女"，第三句中的"多弦"是"琵琶"。

从这首诗可以看出，此时的"年阿体"诗歌，在修辞方面比宗喀巴时期更为华丽和复杂。客观地说，"年阿体"有了"文人诗"的意味，如果看不到这些解释，普通人不太容易理解五世达赖喇嘛这首诗是在歌颂妙音天女，更难将它视为一首宗教诗歌。

这就是仓央嘉措时代诗歌的基本状况：《诗镜》已成为文人写作诗歌的经典教材，诗歌在创作理论和技法方面有很大发展。然而，"年阿体"的格律严格、辞藻雕琢，使得文字艰深、流于呆板，总体说来精美有余、质朴不足，很难贴近普通读者。

而仓央嘉措的诗歌，虽然不可避免地受到了《诗镜》的影响，不过走的却是另外的路子。与"年阿体"的最大不同在于，他的诗歌运用一般口语，采取"谐体"的民歌形式，基本上是每首四句、每句六个音节，两个音节一停顿，分为三拍，即"四句六音节三顿"。这样的诗歌节奏明快、朗朗上口，还可以用民歌曲调来演唱，极富于音乐感。所以，仓央嘉措的诗歌在民间广泛流传，而且有个别诗歌逐渐演化为民歌，很少有人知道是他的作品。

这样说来，仓央嘉措诗歌的汉译工作，应该注意以下两点：

第一，要避免"年阿体"的弊端，不可过分雕琢辞藻。修辞并非不可用，但类似用典这类手法，则恐非仓央嘉措原意，他的诗歌汉译，还是要流畅、通俗、自然，有民间风味才好。

第二，保留民间风味，并不意味着无视《诗镜》所形成的藏族文学传统与特点。比如于道泉译本，曾缄认为"不文"，固然是出于他从汉诗角度上的理解，但若用《诗镜》传统来衡量，"不文"的批评也是公允的，于译本确实是稍逊文采。

那么，在后世的翻译过程中，对诗作的创作技法、韵律节奏、形式结构等进行现代化的实践，这是必要的。只是过犹不及，不可因过于追求现代感，而忽略了藏族诗歌传统。

总之，汉译诗最好能两者兼顾，才比较符合仓央嘉措的原意。

03. 别开生面的仓央嘉措诗歌新译

在前文中，我们通过对仓央嘉措早期汉译本的介绍、汉译本存在的问题、译者在主观认识和诗文创作方面的倾向，以及藏族文学的美学特征、诗学特点等多个角度，简要介绍了仓央嘉措诗歌汉译的基本情况。而从这个基本情况出发，我们可以看出，仓央嘉措诗歌的汉译实际上还是有广阔的空间的。前人译作虽多，但难免有缺憾。这些缺憾，需要通过对仓央嘉措研究的一步步进展来弥补。至少，在我们不再将他当作浪子活佛的今天，对他的诗作应该有新的译法。

这个新的译法，首先应该是对其诗是否为"情诗"的重新认定。这个"情"，是"情欲"之"情"，还是对宗教的赞美之"情"，抑或是对人生、对生活有感而发之"情"？事实上，其原笔原意更多体现的是后两种。那么，在重译之时，所用汉语辞藻固然需要有美感、有丰富意象，但却不可"艳俗"。

当然，少数民族文学作品中经常会运用类比的手法，因此，诗文中出现的涉及女性和世俗情感的词语，在翻译过程中会有一定的困难。不过，如若不存在主观倾向，不以"淫辞浪调"先入为主，而像五世达赖喇嘛的诗作一般以歌颂、赞美为基调，则是必要而可行的。

诗歌在中国文学史上，历来占有重要的位置。中国汉文化圈里的诗论、技法非常丰沛，在世界思想文化史上亦是独特的体系之一。可以说，诗学传统实际上已经成为中国人的文化基因。中国的每一步文明进程，留给后人可资回忆的，往往不是鸿篇巨制，而是几句脍炙人口的诗歌。

20 世纪 80 年代后，西方的文艺理论逐渐被国人所知。现代诗的美学理念和技法，给中国汉文化圈的诗歌体系带来了一次不小的冲击，更有无数诗人投入到中国汉语言体系的现代诗创作实践中。二十多年来，诗歌流派纷至沓来，作品层出不穷，西方技法与汉语语言功能的融合，使中国诗歌发生了极大的变化。

这也是仓央嘉措诗歌需要重新汉译的重要背景。前人所译，以文人化倾向严重的古体诗和在于道泉本基础上的"润色本"为主体，两者都不能完全体现目前中国诗歌新的技法、理念与文化精神。尤其是于道泉译本，多以四句为限，承转之间空间过小，所以读起来意向寥寥，无甚意味，而且所用技法已是七八十年前的了，并不契合今人的欣赏需要。

但于道泉译本的主要精髓——流畅、朴实的民歌风味，还是值得尊重与借鉴的，这也是重译的必要和困难之处。如何既保持仓央嘉措原笔的风味，又满足现代诗歌阅读欣赏需要，并将前述"情"之意完美地体现出来，本书译者做了一次比较成功的试验。

本书中的诗作，是译者在深入研究仓央嘉措生平、深入学习藏族文学特点的基础上，对仓央嘉措诗歌的重新解读与书写。它纠正了前译本对仓央嘉措的认识偏颇，还原了诗作的普世关怀和藏族人民对宗教的虔诚、对生活的热情、对美的赞颂的奔放情怀，也避免了前译本"文人诗"堆砌辞藻、讲究形式、不看注释就不懂的"年阿体"弊端。同时，从现代审美视角、现代文艺理念、现代审美需求出发，运用了现代诗歌技法，使仓央嘉措诗歌呈现出与以往完全不同的风貌，并为其诗的重译开创了值得研究、继续发展的广阔空间。

后记

此刻，谁能把谁放下

在《仓央嘉措诗传》初版的作者简介中，我说自己"残废"，原因是当时自认为再也离不开拐杖了。当然，也有为了使笔调轻松而自我调侃的意思。其实，我仅仅"残废"了不到五年的时间。我能够恢复正常，似乎与佛有着某种微妙的关系。

2003年年底，我被积水潭医院诊断为左侧股骨头坏死，开始挂双拐，并自称"残废"。一年后，与佛结缘。因服用某位活佛赠的一丸藏药，没过几天，痛感就消失了，便扔掉双拐。平日出行，挂一手杖即可。这时，我称自己为"半残"。自2008年4月开始，我用了数月的时间，完成了《仓央嘉措诗传》中的诗歌部分。完稿的当天，陈琛设家宴庆祝。因为堵车，我只能挂着手杖坐地铁去陈琛家喝酒。从我家到地铁站，也就三百米左右的距离，这就意味着我必须步行到地铁站。在步行中，奇迹出现了：我惊喜地感到脚步突然变得轻松了，我试着不用手杖……我竟然可以完全扔掉手杖正常走路了。那天酒后，我把手杖忘在了陈琛家，像个正常人一样，从他家正常步行到地铁站、正常上下地铁、正常步行回家，根本没想起手杖。也就是说，写完这本书，我便恢复了健康，我便"脱残"了。我已经随着仓央嘉措进入了某种不可思议的境界。在这种境界中，仓央嘉措不让我残废。这事儿也许是天意，也许是巧合，反正我觉得挺有意思。

现在，出版社要出《仓央嘉措诗传》的修订本，我认为很有必要。如在地空第 6 首诗歌中发现的问题就很严重。倒数第二行，原稿是"当那条唯一的捷径省略了朝拜者"，而书上却出现了"当那条唯捷径省略了朝拜者"这样一行文字……

此外，与八年前的我相比，今天的我在各方面都已经有了很大的变化。用今天的眼光去看自己八年前的作品，我还是看出了一些问题。虽然从总体来看，并没太大问题，但是某些诗改动一下，看起来会更顺眼。于是，在这次的修订本中，我对某些诗进行了不同程度的改动。

在八年前写这本书和八年后修订这本书的过程中，仓央嘉措的形象总是在我的脑海中忽隐忽现。在诗中，我与他不停地交换角色，直至融为一体。

融为一体时，我便会产生某种不可名状的幻觉。"一切有为法，如梦幻泡影，如露亦如电，应作如是观。"要破除一切名相，理解空就是有，有就是空。领会缘起性空以及色、受、想、行、识五蕴皆空。这样，你就会真正进入这些诗，并自然而然地喜欢上这些诗。

而前世、今生、来世，谁不是谁呢？谁又是谁呢？在某一时刻，我即仓央嘉措；在另一时刻，仓央嘉措即你；而你即我，我即他，他即仓央嘉措。如此周而复始地循环下去，谁与谁还有什么分别吗？空身、空心、空性、空法——明白了这四个空，就什么都明白了。

马 辉

2016 年 4 月 20 日

图书在版编目（CIP）数据

我放下过天地，却从未放下过你 /马辉，苗欣宇著.
--北京：北京联合出版公司，2016.6（2019.4重印）
ISBN 978-7-5502-7942-1

Ⅰ.①我… Ⅱ.①马… ②苗… Ⅲ.①传记文学 -
中国 - 当代 Ⅳ.①I25

中国版本图书馆CIP数据核字(2016)第127854号

我放下过天地，却从未放下过你

项目策划　紫图图书 ZITO®
监　　制　黄　利　万　夏

作　　者　马　辉　苗欣宇
责任编辑　牛炜征
特约编辑　马　松
封面插画　莲　羊
内文插画　谷孝臣工作室　忘川山人
　　　　　　　半童　虹鹿夜雨　木山莹
装帧设计　紫图装帧

北京联合出版公司出版
（北京市西城区德外大街 83 号楼 9 层　100088）
北京瑞禾彩色印刷有限公司印刷　新华书店经销
150 千字　710 毫米 ×1000 毫米 1/16　16 印张
2016 年 6 月第 1 版　2019 年 4 月第 12 次印刷
ISBN 978-7-5502-7942-1
定价：42.90 元

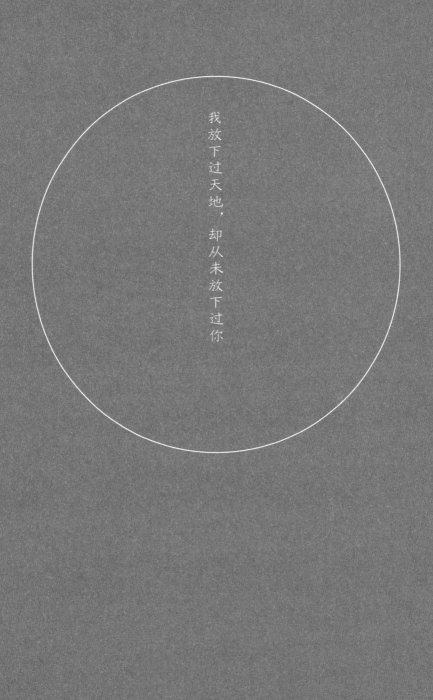

我放下过天地，却从未放下过你